149.

MES DOUTES

ET

MES IDÉES PHILOSOPHIQUES,

OU

RÉFLEXIONS MÉDICALES,

SUIVIES DE

QUELQUES CONSIDÉRATIONS

SUR L'ORGANISATION HUMAINE

ET SUR LES CAUSES PREMIÈRES DES MALADIES,

PAR M. ROZY,

NATURALISTE.

> Il y a prou de parler par tous,
> Et pour, et contre.
> MONTAIGNE.

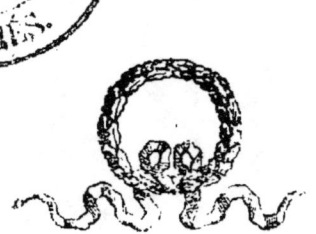

TOULOUSE,
IMPRIMERIE DE LAURENT CHAPELLE,
PETITE RUE SAINT ROME, 1.

1848.

AU LECTEUR.

Mon but, en publiant ces réflexions, est de donner aux personnes instruites et versées dans les sciences, les idées des résultats que cette partie de sciences peut faire acquérir, en recherchant, dans les découvertes modernes, de quoi alimenter les résultats de ses recherches.

Cet écrit est présenté par un anonyme philanthrope qui désire recevoir des observations de ses confrères, ainsi que de tout autre homme, ami du vrai, dans l'intérêt de cette science, qui n'est pas encore assez approfondie. Son dessein est de réunir une série de documents, pris çà et là, qui pourront servir plus tard à consulter. Cependant pour éviter de répondre des erreurs, il s'est imposé la loi de n'émettre aucune opinion qui ne fut consacrée par l'autorité d'un nom célèbre.

AVANT-PROPOS.

Le caractère sérieux et la tendance scientifique du siècle auquel nous appartenons, et à la tendance de sortir du rang où l'on est né, se manifeste dans toutes les classes de la société, nous font espérer qu'avec une pareille tendance, les développements des études, l'on arrivera à agrandir la sphère des sciences; aussi croyons-nous qu'on songera moins à l'écrivain qu'à l'objet important de son travail.

Il n'est pas un homme bien organisé qui ne se soit fait ces questions, ou qui n'ait senti le besoin de les résoudre; ainsi, nature, homme, rapport de l'un avec l'autre, destination et but final de l'humanité, institutions sociales, causes de la nature et de l'homme, tels sont les objets de la science, lesquels peuvent se ramener à trois grandes divisions correspondant aux idées de nature, d'homme et de Dieu, d'où la division des sciences en trois classes : sciences naturelles, sciences anthropologiques et sciences transcendantales.

Notre but n'est pas de suivre toutes ses divi-

La marche de l'histoire de la médecine est aussi difficile à connaître que celle de la race humaine, qui ne sont, à vrai dire, que des sciences de spéculation.

Cependant un sentiment naturel nous porte à compatir aux maux de nos semblables, souffrant ou nous approchant de leurs lits de douleur pour nous informer de la nature de leurs souffrances, pour chercher quelques moyens de remédier à leurs maux, et c'est dans ce but que la médecine doit à ce sentiment sa naissance.

La fatuité humaine a su de tous les temps se flatter, et ses prétentieuses prérogatives ne la quitteront qu'à la fin des siècles.

L'homme est si superficiel de sa nature qu'il ne peut embrasser le bien même qu'avec restriction, et qu'il ne s'abandonne sans réserve aux spéculations les plus sublimes de son intelligence qu'en se livrant aveuglement aux impressions les plus grossières de ses sens.

L'esprit de système imagine des principes, pour asservir des faits, du moins pour les expliquer ; la science au contraire observe les faits pour découvrir les lois qui les régissent ; elle trouve les principes en observant la nature des choses, mais cette nature ne se manifeste que par des faits.

Il est incontestable que les faits naturels ne peuvent se former que par l'observation et par l'explication des divers ordres des faits, si ses faits peuvent être classés dans l'ordre le plus naturel, dans celui qui donne à l'esprit le plus de facilité pour les comprendre et les comparer entre eux, et en saisir les points par lesquels ils se ressemblent, et ceux par lesquels ils diffèrent.

Toutes les sciences naturelles se composent de deux parties : la première de la connaissance d'un certain nombre de faits ou de phénomènes matériels; la seconde de l'explication de ces mêmes phénomènes, c'est-à-dire de la perception des rapports qui existent entre eux, et de la manière dont ils sont produits ou dont ils s'engendrent.

La connaissance complète de l'homme et des rapports qui existent entre les diverses parties dont il est formé, soit entre lui et les êtres de son espèce, soit entre lui et les choses appartenant à l'univers, au moyen desquels ils se conservent, est l'objet de plusieurs sciences de l'homme; cependant il n'est formé qu'un seul tout, qu'il n'existe et n'est reproduit que par le concours de chacune de ces parties, d'individu semblable à lui, et des choses au milieu desquelles la nature l'a placé.

Les sciences diverses dont il est l'objet sont donc étroitement unies entre elles; cette union est telle qu'il est souvent très-difficile, et l'on peut dire même impossible, de déterminer, surtout quand on traite de celles qui sont les plus rapprochées, et de déterminer le point auquel l'un commence et celui ou l'autre finit.

L'application de l'analyse à l'étude des parties physiques de l'homme a pour objet de découvrir les lois générales auxquelles la nature a soumis la structure et son organisation; et ces lois ne peuvent être découvertes que par une exacte observation analytique; il faut cependant garder un doute philosophique, surtout dans les hautes sciences telles que la médecine; un pareil doute est l'école de la vérité.

Si cette piètre esquisse pouvait aider à tout autre homme que moi à prouver que les phénomènes de la nature, quoique maintes fois mal interprètés, s'accordent quelquefois aussi aux observations bien faites; d'après la marche de ses phénomènes, on arriverait avec plus de précision au but.

Je ne puis terminer ces lignes sans prévenir le lecteur des avantages que l'on retirerait des connaissances de la chimie organique.

Je me sentirais heureux si quelque philanthrope bien intentionné était assez bon pour m'indiquer les erreurs que j'aurai pu commettre, afin de les rectifier.

La confection de cet essai comportera plusieurs répétitions des divers articles, vu les analogies qui existent entre elles.

INTRODUCTION.

A mesure que les sciences s'étendent et se perfectionnent, elles doivent porter leurs regards aussi bien sur les points sensibles et physiques que sur les vérités que peuvent renfermer les ouvrages de l'antiquité; parmi les œuvres des premiers temps, et que les sociétés d'aucun siècle n'ont point anéanties, il existe à tout égard des ouvrages de haute science, d'un style sublime que rien au monde ne pourra jamais anéantir, qui devrait fixer l'attention des hommes éclairés.

S'il est quelque chose qui doive inspirer une réserve, allant jusqu'à la défiance pour tout ce qui concerne la médecine, c'est la prévention.

On peut croire aux progrès; l'esprit humain de chaque siècle peut étendre son horizon, pour contempler ce que les siècles passés ne peuvent pas avoir aperçu; mais c'est à condition que chacun montera sur les épaules des précédents; celui qui ne voudra pas grimper embrassera moins d'objets que ses devanciers et marchera au niveau des premiers;

ceux qui prétendent voir plus et mieux en vingt ans qu'on n'avait vu dans deux mille ans, en dédaignant le secours de la superposition, se persuadent en vain qu'ils sont des géants (cela est pris de la thérapeutique de Begin.) Il est difficile de croire que dans l'ordre intellectuel et moral, pas plus que dans l'ordre naturel, de proclamer que l'on est dans le progrès, dans l'avancement, lorsque non-seulement on ne veut pas profiter du secours de ses prédécesseurs, mais encore lorsqu'on n'a pas voulu faire une comparaison des observations, c'est une outrecuidance qui n'en impose qu'à des gens qui ne sont pas d'ici, qu'à ceux qui n'ont pas une idée de la nature de cette science.

Les sens sont les facultés par le moyen desquelles l'homme et les animaux se mettent en rapport avec le monde extérieur, et auxquels correspondent certains organes corporels.

Le sens commun signifie quelquefois la faculté de comprendre les choses et d'en juger selon la droite raison ; c'est ainsi qu'on dit avoir beaucoup de sens, un grand sens, un sens droit.

Le bon sens est cette voie juste de choses qu'un esprit sain doit à l'usage bien réglé de ses facultés, et qui, sans pénétrer à une grande profondeur, suffit du moins aux besoins ordinaires de la vie : Bossuet l'appelle, en effet, le maître de la vie humaine. Le bon sens est essentiellement pratique, il dédaigne la sphère de la spéculation, fuit les illusions de quelque nature qu'elles soient. Quelles sont les causes de nos erreurs? Ce sont nos passions qui nous font voir autres choses que ce qui est, et l'imperfection de nos facultés qui nous empêche de voir tout ce qui est; le bon sens voit les choses comme elles sont ; il se tient en garde contre l'entrainement des passions; et d'un autre coté, il évite d'aborder les questions qui dépassent la portée d'une intelligence ordinaire; il dédaigne les fictions du poète, les illusions de l'homme passionné; il se moque d'une imagination avantureuse comme Sancho Pança, rit de Don Quichotte. Est ce donc à dire qu'il faille tout sacrifier au bon sens, et qu'il doive être le seul guide de notre conduite, non ; mais il faut lui faire sa part, et reconnaître le cas où son autorité est sanctionnée par les plus nobles instincts de notre nature, s'il y a par exemple, un bon sens vulgaire qu'on invoque lorsqu'il s'agit de proscrire une généreuse imprudence, et qui tendrait à retrancher tout ce qui dépasse le cercle de nos intérêts grossiers, et à nier la poésie, l'enthousiasme, le dévouement, et à faire prévaloir le côté prosaïque de la vie. Il y a aussi un bon sens élevé qui n'est que l'instinct du vrai en toute chose; qui, en morale, est l'inspiration spontanée de la conscience; en politique, la vive sympathie du sentiment national, et qui dans les œuvres de l'intelligence, lorsqu'il rencontre l'expression heureuse, ressemble fort au génie, le bon sens alors s'appuie sur ce fonds commun d'idées auxquelles tous les hommes participent, et qui sont comme le capital intellectuel de l'humanité à chaque époque sociale.

Le sens commun est donc l'ensemble de toutes ces vérités, d'une évidence instructive et immédiate qui est dans l'esprit de tous les hommes, au moyen de laquelle ils s'entendent, et où ils puisent les motifs de leurs jugements et les règles de leur conduite. Sur ces notions et ces croyances qui constituent la concience du genre humain, repose la démocratie intellectuelle.

Le sens commun est une mystérieuse instruction que chacun de nous porte en lui-même, et dont personne ne se souvient de l'époque où il l'a acquise, d'où nous viennent ces notions, ces principes, dont l'autorité ne craint pas de contredire souvent le système des philosophes, et qui pourtant ont besoin de se faire légitimer par la philosophie.

Les notions du sens commun peuvent se partager en deux classes, qui émanent de deux sources différentes ; les unes évidentes pour elles-mêmes et inhérentes, pour ainsi dire, à notre intelligence ; elles viennent directement de la raison intuitive, et elles président aux jugements que nous portons sur le bien et sur le mal, sur le vrai et sur le faux, sur le beau et le laid, sur l'existence de nos facultés, etc., etc. Or, telle est la nature de ces idées primitives et fondamentales, dont la perception confuse n'est refusée à personne, mais dont la conscience et la perception claires ne peuvent être obtenues qu'au moyen d'une analyse très-délicate et très-difficile ; les autres, quoique marquées en apparence du même caractère primitif et immédiat, sont cependant des acquisitions de l'expérience ; elles sont le produit du travail successif des générations antérieures ; elles sont venues accroître successivement le fonds commun : or, cette seconde classe de vérités que la réflexion découvre, ne reste pas la propriété exclusive des esprits capables de les découvrir dès que le génie inventeur les a mises au jour, elles tombent sous l'appréciation des esprits droits, qui, sans avoir le droit de l'invention, ont du moins le discernement critique qui reconnaît le vrai et le faux ; les idées soumises ainsi à l'épreuve d'un examen souvent répété, entrent dans la circulation, elles pénètrent peu à peu dans les étages inférieurs de la société, et finissent par devenir un bien commun auquel tous participent, le vulgaire comme le savant ; mais en devenant le patrimoine de tous, elles dépouillent leur forme scientifique, elles se dégagent peu à peu des arguments qui les ont faites admettre, et finissent par s'établir dans la croyance générale sous la forme d'axiome ; c'est sous cette forme simple qu'elles se transmettent de génération en génération, et qu'elles se rendent accessibles aux intelligences les plus humbles comme aux plus élevées : voilà comment le sens commun se comprend ; l'un s'éclaircit par la réflexion, l'autre s'étend et se développe par le travail continuel de l'humanité.

Il y a vingt siècles que le vulgaire et le sage comprenaient le sens commun, et la philosophie était d'accord pour sanctionner la légitimité de l'esclavage. Un jour pourtant quelques âmes d'élite conçurent l'idée de l'égalité morale de l'homme, comme enfant de la même nature; peu à peu cette idée descendit dans les intelligences d'un ordre moins élevé : à la longue, elle a conquis le monde et a changé l'ordre civil et politique des sociétés; il est évident que la base de la politique ou l'art spécial, doit être ainsi que l'a fait remarquer Aristote : l'honnête et le juste Platon avait envisagé la question sous le même point de vue. Suivant ces grands philosophes, la véritable science politique consiste à rendre les hommes plus heureux en les rendant plus modérés et plus sages, c'est-à-dire plus vertueux.

Le but essentiel des lois doit donc être de cultiver en eux, d'abord les qualités de l'âme : prudence, tempérance, courage, puis de leur faire acquérir les biens extérieurs : santé, beauté, force, richesse, autant que ce soin peut s'accorder avec l'intérêt général de l'état, et premièrement de la nation. Ainsi, fondées sur l'intérêt de la société entière des gouvernements eux-mêmes, les règles de ces arts se confondent avec celle de la morale et n'admettent d'autre prudence que celle qui se concilie avec la justice et l'humanité. Ainsi définies, la politique est la science qui produit où qui fait régner la justice dans une nation libre; mais souvent trop confiante, la justice a elle seule toutes les autres vertus : elle en est la source et le plus solide fondement.

Ces principes, qui sont ceux de tous les philosophes philanthropes, ont été loin d'être suivis dans la pratique; il semble au contraire, que les hommes appelés pour défendre les droits de leurs commettants, adoptent des maximes toutes opposées, et qu'ils fondent leur puissance sur les trois grands arts, de tromper, de corrompre et de faire peur.

Il est vraiment désolant de penser que d'après les progrès de la civilisation, un plus parfait accord ne règne pas dans la politique théorique, et la politique pratique ne soit pas mieux exécutée au 19 siècle, surtout par un gouvernement qui est, par son essence, conservateur à tout prix ; et qu'il soit assez astucieux pour oser tenter une rétrogradation sociale : n'a-t-il pas pour garant contraire les secousses qui en ont été les conséquences dans l'espace d'un demi-siècle ?

L'histoire appelle grands politiques les hommes chargés de gouverner les peuples, qui exercent sur eux une notable influence, en faisant triompher leurs systèmes et leurs vues. Lorsque c'est par la vertu qu'ils ont conquis cette influence, aucune gloire ne peut être comparée à la leur ; si, au contraire, c'est par l'astuce, la violence, la terreur qu'ils parviennent à leurs fins, sans doute, on peut admirer les ressources de leur génie, mais on ne peut honorer leur souvenir, et ils n'ont trop souvent marqué leur passage sur la terre que par les malheurs qu'ils ont laissés à leur suite, et par les pas rétrogrades qu'ils ont fait faire à l'humanité.

Telle est notre perspective sociale actuelle : que peut-on espérer d'une morale d'intérêt ? Elle engendre nécessairement une politique non moins matérielle ; alors tous les moyens sont bons pour y parvenir : les mots de juste et d'injuste ne représentent que des idées chimériques ; il n'y a pas d'autre droit que la force ; le pouvoir n'a pas besoin de se faire légitimer par la raison ; ce qu'il commande est par cela seul légitime ; telles sont les opinions d'aujourd'hui, dont la politique est l'apologie la plus complète du despotisme. Ceux qui tentent de rester sous l'influence de cette doctrine, ont reculé devant le despotisme d'un seul, et ont admis pour compensation le despotisme de la majorité. La théorie de la souveraineté du peuple entendue absolue, sans le correctif indispensable de la justice, véritable souveraine de l'humanité, n'est autre chose que la domination du grand nombre; en d'autres termes, le règne de la force. A ces conséquences aboutiront tous les systèmes qui feront abstraction de l'élément moral de l'humanité, qui nieront la liberté de l'homme et la loi du devoir; que si l'on suit ce système dans ses applications philosophiques des sciences morales et politiques, une pareille idée est l'abnégation de l'idéal, car elle nie les phénomènes inexplicables de la nature.

Les progrès, crie-t-on, veut-on arrêter les progrès? Non, on doit les aimer et les rechercher comme l'or, pour s'en servir; mais comme il y a dans le monde beaucoup de faux monnayeurs, dit Lordat, de Montpellier, on doit essayer et peser chaque pièce avant de l'accepter.

Si dans l'engrénement compliqué des roues sur lesquelles est posé le char de l'humanité, nous n'arrivions pas à reconnaître le moteur qui met en branle cette marche, le peu qui se révèle à nos yeux doit nous faire pressentir que ce n'est pas l'œuvre du hasard, puisqu'il résulte toujours les mêmes résultats, quelles que puissent en être les causes. Lordat, Montpellier.

Les corps très-étendus des êtres mobiles, sont les sujets immenses appelés sciences de la nature, philosophie naturelle ou physique; mais ils peuvent être considérés sous deux points de vue différents: dans l'état de repos et dans l'état du mouvement ou d'action. Notre espèce est assujettie à cet éternel enchaînement d'action, réparateur et conservateur, qu'embrasse la série entière des êtres soumis au sceptre du pouvoir de la nature, sous lesquels l'univers cède et plie sans efforts; nous en recevons l'existence, la reproduction et le trépas inévitable dans ses actions inflexibles; tous les murmures sont inutiles, immuables dans tous ses décrets, irréfragables par son sceptre de fer. Que sommes-nous devant cette nature, nous à qui l'orgueil a fait croire aux générations humaines, comme ces nuées d'insectes périssables et ces essaims de vermisseaux qui moissonnent?

Ce n'est point aux riches que s'adresse la nature; cette mère bienfaisante, si avare de ses trésors dans les tristes grandeurs des fastes, les répartit sans peine et avec profusion dans le sein de l'homme simple et malheureux; elle fait de notre vie un tissu d'illusions délicieuses, lorsque la nature, par la portion de vie que nous en avons reçu, du moins nous nous consolerons en pensant que notre corps alimentera d'autres êtres, que nous servirons à faire accroître les blonds épis de Cérès, ou que nous serons transformés dans les feuilles des plantes ou des pétales brillants de fleurs, ou bien le nectar odorant, et sucées par la diligente abeille et l'inconstant papillon.

Ainsi, nous ne sommes que des roses passagères qui brillent l'espace d'un jour ou d'une aurore, et qui sommes remplacés par de nouvelles productions. Ainsi, nous ne sommes, à proprement parler, que les usufruitiers de la vie, ce qu'ont tous les êtres organisés; elle ne nous appartient pas en propre; c'est la nature elle-même qui la possède, qui la dépense; c'est elle qui la revendique. La vie n'est point partielle; elle embrasse l'univers; elle se dissémine sans cesse et se rassemble toujours. Nous sommes des particules momentanées d'un grand tout, faible instrument d'un grand pouvoir immortel. Ozez désormais abandonner l'étude sacrée de la nature, la vertu l'accompagne et l'élève au-dessus de ces considérations vulgaires, qui nous rendent les contemporains de tous les âges par la pensée et les scrutateurs de l'univers. Puissé-je ne pas achever la carrière que j'ai commencée sans me rendre utile à mes semblables, et laisser dans leur cœur que ma vie n'a eu d'autre vue que celle de leur être utile.

Il n'est aucun être dans l'univers physique dont la

connaissance nous importe autant que celle de notre espèce et de notre propre nature ; elle fut, dans tous les temps du monde, l'étude constante des philosophes, et l'objet des recherches continuelles des physiciens et des réflexions profondes des grands médecins. De quelle obligation n'est-elle pas cette étude pour se perfectionner dans toutes les connaissances en général ? Combien d'autres observations utiles et philosophiques ont passé sous silence, et devraient être suivies pour écarter le voile de l'erreur, et éclairer les routes ténébreuses des préjugés immortels ?

L'impatience de l'esprit humain contre laquelle Baçon avertissait si souvent qu'on devait se garantir dans l'étude de la nature de ne jamais conclure ; mais, hélas ! c'est un penchant de l'esprit humain qui n'a pas la patience de rassembler, sur les objets dont il s'occupe, tout ce qui serait nécessaire pour en tirer des conclusions légitimes ; d'autant plus que l'impatience des objets devrait seule interdire la précipitation ; c'est d'autant plus un grand obstacle aux progrès réels des sciences qui ont un nom classique dans les catalogues des connaissances humaines, qu'il n'y en a point d'aussi étendue ni d'aussi compliquée que celle de l'étude de l'homme, c'est cependant une science dans laquelle on n'aurait dû s'avancer qu'en suivant la marche scrupuleusement tracée par la nature en l'étudiant sans passion.

Plus les connaissances d'une telle science sont nécessairement grandes pour l'humanité, plus ses vrais amis doivent être scrupuleux : elle est si vaste qu'on ne peut se flatter de l'avoir assez approfondie, pour ne pas craindre d'être contredit par des nouveaux faits, et de nuire à la cause qu'on a intention de défendre ; c'est ce qui peut arriver en exposant ces craintes. Ceci n'a d'autre but que de faire envisager la gravité du sujet, tant pour ceux qui cherchent à former des systèmes que pour ceux en plus grand nombre, qui le lisent et qui se forment une opinion à cet égard. Ce n'est pas un simple sujet d'histoire naturelle ou de physique, dans lequel il serait peu important s'il n'intéressait pas l'homme dans tout ce qui le concerne, soit pour sa conservation corporelle et morale, en suivant un doute philosophique dans cette carrière, qui est la route seule qui peut mener à la vérité ; par ce moyen on ne s'exposera pas à conduire les hommes à de funestes erreurs.

Les laps de temps corrigent des dogmes dont on est imbu au début de l'enseignement. Ce n'est pas sans quelque inquiétude que je me décide à réunir quelques documents pris çà et là dans divers auteurs et dans diverses doctrines, afin d'en déduire un corps de doctrine en rapport à l'organisation de l'homme : je crains que le champ des hypothèses n'ait ébloui mon imagination ; mais tel est le sort de l'esprit humain de chercher à franchir l'espace déjà tracé par nos devanciers et d'attaquer des opinions en contravention avec le siècle. On ne peut pas, avant d'être courbé sous le poids des années, acquérir un certain degré d'observations moins hypothétiques, et chercher à se former une manière de voir un peu plus judicieuse, et une investigation plus impartiale. Un travail opiniâtre ne pourrait-il pas suppléer à ces longues années, si souvent perdues par la prévention et l'indolence ? Il me semble qu'avant d'observer, on devrait connaître les dogmes enseignés dans les écoles, pour n'être pas dérouté et découragé, car ces incertitudes, dont on ne trouve pas le terme, doivent, dans un esprit judicieux, lorsqu'il se sent pénétré de la moindre incertitude dont on ne trouve pas le terme, me semblent l'obliger à déchirer le voile qui brouille et confond sous ses yeux ses desseins fantastiques avec ceux de la nature. Il me semble qu'en pareil cas on doit garder un scepticisme, et se débarrasser de toutes les entraves scolastiques, sans se disputer pour l'une ou pour l'autre doctrine, en faisant marcher de front les observations faites au lit du malade.

En comparant ce que les anciens auteurs recommandables ont déjà dit et observé avec la candeur d'une conscience à toute épreuve, par ce moyen on se rapprocherait des faits, en les comparant entre eux. Toute théorie doit jaillir des rapports tirés de la comparaison, de la distinction et des rapports différentiels des faits, c'est là le vrai moyen de rectifier ses erreurs, tout consiste en physique, dit Condillac, à expliquer des faits par des faits. Diderot dit également que par trois moyens principaux, qui sont l'observation de la nature, la réflexion sur l'observation fait que l'on recueille des faits avec fruit.

Si l'on pouvait se défendre de cette série de théories systématiques, et soutenir que la pure observation des phénomènes de la nature qui ne mentent jamais, et que notre orgueil veut interpréter au profit de la cupidité, avouons franchement qu'il est difficile de saisir ses intentions, et qu'il faut se borner à emprunter aux observateurs recommandables par l'exactitude de leurs observations, avec celles que l'on fait soi-même, et en déduire des conséquences qui se rapprochent des phénomènes naturels, afin de ne pas se jetter dans un dédale d'idées qui embrouillent les faits les plus vraisemblables; plus la vie de l'homme comme celle des autres êtres organisés est entretenue par certains nombres d'exhorteurs naturels, qui agissent soit à la surface, soit à l'intérieur du corps; ses vaisseaux mettent en jeu les mouvements organiques, ses fonctions diverses, dont la régularité et l'harmonie constituent la santé, dont le trouble et la suspension occasionnent la maladie et la mort. Quand on réfléchit à tant de causes de destructions qui nous environnent, et contre lesquelles notre faible organisation doit lutter sans cesse; quand on examine encore la somme et la variété des excitants et de tous les modificateurs hygiéniques qui agissent constamment sur nous, qui tendent trop souvent à rompre cet équilibre dans les forces vitales, cette harmonie dans les fonctions organiques, qui seules entretiennent la santé, peut-on être surpris que le nombre des maladies soit si considérable ? Est-il étonnant qu'elles aillent chaque année en augmentant, surtout quand on s'éloigne de plus en plus des vœux de la nature, soit dans l'accomplissement des devoirs qu'elle exige, soit dans les satisfactions des goûts, des besoins factices que créent l'intempérance, le luxe et la mollesse; soit dans les poursuites des désirs multipliés, et sans cesse multipliés et renaissants que développent l'ambition et l'avidité, soit dans l'usage de mille et une drogues accréditées par le charlatanisme de tout genre, afin, dit-on, de prévenir les maladies? mais enfin encore ce charlatanisme poursuit les autres sciences avec le même acharnement. Considérons la thérapeutique dans son vrai sens, en examinant attentivement si jamais il y avait eu à cet égard d'autres moyens efficaces que ceux de soustraire à l'action des causes occasionnelles ; c'est là une vérité incontestable que le traitement le mieux indiqué, le plus méthodique, ne peut guérir ni prévenir les funestes effets d'une maladie quelconque, si l'on n'éloigne pas les causes les plus actives.

Nous avons fait tous nos efforts pour rassembler, dans un cercle plus étroit, et pour exposer avec le plus de clarté possible, tous les préceptes hygiéniques les plus importants, les plus propres à améliorer notre constitution, et à prolonger, s'il se peut, notre courte et frêle existence. Puissions-nous n'être pas trop resté en dessous de la tâche qu'exige un pareil travail, et cela dans le but d'aider à des nouvelles idées, propres à simplifier et à mieux dépeindre, soit notre organisation, soit les moyens d'arriver, par des voies plus rationnelles, à remédier aux lésions primitives et constitutives de nos tissus et appareils.

S'il suffisait pour être médecin, de connaître les principaux travaux publiés sur la thérapeutique par nos prédécesseurs, que d'hommes qui possèdent beaucoup de savoir seraient médecins, mais il n'en est pas ainsi ; les faits qui chaque jour viennent s'offrir aux observations sont des faits que l'on peut, rigoureusement parlant, appeler nouveaux, de véritables individualités morbides, semblables seulement à elles mêmes : la nature ne reproduit jamais deux êtres identiquement pareils ; de là cette pensée devenue proverbiale, que la médecine recommence pour le médecin à chaque maladie et à chaque malade ; voilà aussi pourquoi, quelque attention que l'on ait apportée à déterminer diverses circonstances qui ont assuré les succès du traitement employé avant nous, toutes ces circonstances ne se représentent presque jamais de la même manière. La thérapeutique, malgré tous les efforts qui ont été faits pour étendre les progrès, ne peut s'élever au degré d'exactitude que rendraient cependant si nécessaires nos nombreuses infirmités, c'est que la thérapeutique, plus encore que le diagnostique et le pronostic, est un art en même temps qu'une science : c'est qu'elle est basée sur des vraisemblances de formes, sur des analogies dénaturées, et par-dessus tout, sur une certaine aptitude à saisir l'opportunité du traitement.

La thérapeutique se trouve subordonnée, en plus ou moins de détails, du médecin, ce qui fait que la médecine est toute individuelle, et que son efficacité est toute dépendante de l'homme qui l'exerce ; c'est parce que la thérapeutique est un art qu'il est impossible de formuler rigoureusement, et impossible de transmettre le secret de son application dans les leçons orales ou au moyen des livres.

En effet, la thérapeutique laissera toujours des lacunes que la fixité de l'observation pourra seule combler ; aussi conçoit-on comment le médecin reste tantôt en deçà de la science, et tantôt en delà, ou de beaucoup la laisse derrière lui, selon qu'il est doué des qualités qui constituent le grand observateur, quoique l'époque où la science fût bien loin d'être arrivée au perfectionnement où elle marche actuellement de jour en jour, depuis que l'observation des faits a été bien analysée par la philosophie moderne.

Les travaux de nos prédécesseurs devraient nous faire connaître les progrès de la science de leur époque; mais notre propre travail prolongé est basé sur l'observation rigoureuse de la nature qui doit nous initier seule au secret de l'art, dont l'observation est la meilleure base que l'on puisse donner à la thérapeutique, puisque c'est par elle que nous disposons les modifications variées qui appartiennent à l'économie humaine.

La connaissance de ces agents thérapeutiques, appliqués à l'homme malade, constitue son application, partie la plus spéculative que certains arts qui ont été considérés comme les plus régulateurs et modificateurs utiles auxquels on peut recourir pour rétablir dans l'état normal un organe malade ou l'organisme tout entier; mais ce retour ne peut jamais avoir lieu qu'après une modification particulière des parties affectées, la maladie n'étant autre chose qu'une fonction anormale, une déviation organique; ainsi la science, qui nous enseigne à modifier le corps humain malade, réclame, de la part du médecin, de profondes connaissances de la structure de nos tissus et appareils, ainsi que le jeu des fonctions de chacun d'eux, et le concert qui doit régner entre eux; voilà pourquoi la connaissance de la chimie organique doit nous mettre plus en même d'apprécier le jeu et les fonctions de chacun des appareils qui composent le corps humain, et qui devra faciliter les applications des moyens thérapeutiques, vu les connaissances de tous les tissus alimentaires de chaque organe.

Puisque l'homme est ainsi organisé, il a bien fallu des arts dont l'objet serait de préparer des vérités utiles, d'en préparer, en en marquant l'âpreté ou la fadeur, pour qu'elles fussent acceptées avec autant de plaisir qu'un mensonge; aussi les parties didactiques des humanités se réduisent à farder par la séduction du langage, afin qu'au moyen de cette fraude, l'auditeur ou le lecteur reçoive sans peine des idées salutaires qui l'auraient rebuté, si elles avaient été pures. L'artiste, quel qu'il soit, quand il réussit, peut dire comme Lucrèce ou comme Le Tasse : n'ai-je pas raison d'imiter ces médecins habiles qui, pour engager les jeunes enfants à boire l'absinthe, doraient les bords de la coupe de miel, afin que leurs lèvres, séduites par cette douceur trompeuse, avalassent sans défiance le noir breuvage, innocent artifice qui rend à la santé leurs jeunes membres sans vigueur? Mais les éléments qui composent le breuvage ne sont pas également utiles; l'un est pour le plaisir, et l'autre pour le profit; or, comme dans la nutrition le sens vital et chimique adopte la matière nutritive ou médicamenteuse, et ne tient aucun compte de l'arôme ou du correctif dont elle était accompagnée, de même, dans l'acquisition du système d'idées, l'esprit doit faire une séparation de celles qui peuvent nourrir l'intelligence et la morale. Montaigne distingue soigneusement l'homme très-savant d'avec l'homme bien savant. En quoi pouvait être la différence? L'homme très-savant est celui qui a conservé en dépôt dans sa mémoire un nombre prodigieux d'idées qu'il doit garder intactes telles qu'il les avaient reçues. L'homme bien savant est celui qui, après avoir analysé les notions acquises, s'est appliqué à séparer l'utile d'avec l'agréable, afin de pouvoir se servir à volonté de l'un et de l'autre, suivant le cas et le besoin.

S'il faut un art de combiner avantageusement le vrai et l'illusion, ne semble-t-il pas qu'il doive y en avoir de décomposer de pareils mixtes, et de décerner la vérité de l'erreur dans cet âge encore inexpérimenté? Ces deux arts opposés sont également utiles ; disons plus, également nécessaires. Sans le premier, on n'aurait pas reçu la vérité; sans le second, on ne saurait la mettre en usage.

Dans une science pratique comme l'est la médecine, où le praticien est responsable, aux yeux de sa conscience, l'acte de départ doit être appris presque en même temps que la science arrive dans l'esprit; il importe que le vrai et le faux ne soient pas confondus dans l'intelligence de l'homme; il faut que l'ensemble de ses idées soit considéré comme une sorte d'énigme qu'il faut promptement expliquer. Or, dans la recherche du mot, comme disait un ancien en montrant un tableau, que les curieux courent les risques de ceux qui doivent expliquer l'énigme du sphynx, il y allait de l'existence; celui qui résolvait le problème conservait sa vie, celui qui ne devinait pas perdait la sienne. Si dans l'étude de l'art médical, on ne parvient pas à distinguer le vrai avec l'illusion, c'en est fait de la vie intellectuelle qui se nourrit uniquement des vérités. Chyle, extrait d'un schisme très-hétérogène.

Notre esprit a son creuset pour opérer le départ des idées d'une science; à l'aide de cet instrument, il peut les apprécier à leur juste valeur.

La partie canonique, fondée sur l'observation raisonnée, embrasse dans la chimie toutes les méthodes et tous les procédés qui ont été employés pour faire changer à chaque produit, et qui ont été couronnés de succès. Qu'on veuille remarquer, qu'un même résultat peut être obtenu par des procédés fort différents. Cette multiplicité de méthodes, loin d'être un préjugé contre les sciences, semble confirmer sa certitude et sa dignité. Pourquoi? Parce que la vérité n'est ni arbitraire ni fortuite, mais qu'elle est rationnelle. La vérité des méthodes et des moyens est une vérité du même ordre que celles qui composent la première partie; elles se soutiendront mutuellement. La multiplicité des procédés pour obtenir un résultat donné est un fait d'observations journalières; il est impossible de les contester. Si maintenant on trouve une concordance parfaite entre les principaux faits fondamentaux et les divers procédés, de sorte que tour à tour les pratiques suggèrent ou justifient les dogmes, et les dogmes inventent à priorée diverses pratiques, la science est parfaite.

On doit ranger dans la partie canonique conjecturale les procédés qui ont été imaginés seulement d'après de théories hypothétiques, abstraction faite des suites. Si les procédés n'ont pas été exécutés, ils ne pourront rien par rapport à la science; s'ils l'ont été, l'événement est consigné dans les archives, quel qu'il soit, afin qu'il serve aux perfectionnements d'une science théorique. Une conception insensée, peut assez souvent éclairer l'art; ce sont des témérités dont la science ne se vente ni ne rougit, qu'elle n'est pas fâchée, quand elle dévie, d'être l'occasion d'une instruction.

Quant à la partie technique individuelle, elle ne tient à la science que par une liaison conditionnelle. Quand la chimie a établi sa règle, on n'a plus rien à lui demander, tout le reste de la responsabilité est sur l'exécutant, sur les circonstances extérieures, et assez souvent sur le hasard; la science ne peut pas plus se glorifier des événements dus à ces causes extérieures, qu'en assumant sur elle les dommages qui en dérivent; cependant la statistique des sciences nombreuses d'un article, lorsqu'elle est favorable, doit être plus souvent d'accord avec la partie substantielle et avec la règle, cela est vrai dans les arts; quand il en est autrement, on en cherche la cause.

On ne prétend pas dire que la chimie est une pratique très-réelle, ce dont on ne doit pas douter lorsqu'on la considère sur le point de vue analytique; ce qui doit engager à réfléchir sur les motifs d'après lesquels cette conviction s'établit dans chaque individu, malgré les apparences qui semblent autoriser à penser autrement.

La médecine interne est susceptible d'une analyse pareille. Si l'on applique à l'anthropologie usuelle les divisions précédentes de toutes les sciences naturelles, en examinant les résultats de l'examen, chaque individu sera pareil au jugement que la majorité porte sur la chimie.

Après que l'on aura pris une idée des théories générales hypothétiques de la nature humaine, on doit remarquer en passant la différence qui existe entre l'opération qui imagine une hypothèse; on doit voir que dans l'une on ne fait que constater des faits, épier la nature, et que dans l'autre on énonce ses créations unies à quelques faits.

L'acquisition de ce mélange doit servir de point de départ pour réfléchir sur les valeurs des théories hypothétiques par rapport à la science, afin qu'on soit en état d'en parler avec connaissance de cause, dans l'intérêt de la médecine. Les progrès de l'intelligence humaine consistent à rétablir l'harmonie et à mettre en lumière quelques-unes des croyances du sens commun sur la morale philosophique, appliquées à la philanthropie. Le principal avantage que le génie le plus perçant peut avoir sur le vulgaire, est de mieux comprendre quelque point de cette relation qui est accordée à tous. C'est ainsi que la science morale, dont les données sont primitives, nécessaires, inhérentes à notre nature, et cependant essentiellement perceptibles et susceptibles de progrès, les germes déposés dans l'espèce se développent avec les siècles, et il en résulte qu'en observant l'humanité à diverses époques de l'histoire, on reconnaît des différences notables dans la morale publique de diverses époques. Ainsi, pour le vulgaire et les sages, le sens commun et la philosophie étaient d'accord pour sanctionner la légitimité de l'esclavage; un jour pourtant quelques âmes d'élite conçurent l'idée de l'égalité morale des hommes, comme enfants de la même nature; peu à peu, cette idée descendit dans les intelligences d'un ordre moins élevé; à la longue, elle conquit le monde et changea l'ordre civil et politique des sociétés.

Il ne faut pas que les hypothèses soient la meilleure chose qu'on doive présenter au public. Dans soi-même il ne faut pas se démontrer ouvertement en faveur de la fiction une préférence sur la réalité.

En son âme et conscience, après avoir mis à part les goûts en particulier, on doit être sûr que la science proprement dite ne se constitue intrinsèquement que des propositions inductives des lois générales, qu'une politique ne donne de la confiance que lorsqu'elle découle de ces mêmes propositions. Il faut le déclarer et même le professer en principe, lors-même qu'on s'en écarte dans l'usage qu'a le principe inconnu (auquel on a donné divers noms, les uns comme les autres fictifs), de tous les phénomènes qui se passent en ce principe, par suite aussi la faculté de recevoir ou d'acquérir cette connaissance; le pouvoir du moins de voir ainsi ce qu'il fait, ce qu'il éprouve, est indéfinissable, toute comparaison serait inexacte; on ne devrait pas même se servir pour la représenter, de l'expression : sens intime ; car on fait croire par-là que nous voyons l'intérieur comme l'extérieur, à l'aide de je ne sais quel sens intra-cranien, ce qui est l'hypothèse la plus gratuite. Par la conscience nous nous voyons agir ou souffrir, et cela immédiatement; sauf cette différence accessoire, il y a parfaite identité de nature entre connaître au dehors et connaître au dedans : c'est donc une inconséquence de se fier à l'une des deux vues, et de récuser l'autre, puisque c'est toujours la même intelligence qui connaît, puisque la conviction qui accompagne la notion dans un cas, n'est pas moins forte que celle qui l'accompagne dans l'autre; si même il y a chances d'erreur, elles sont toutes du côté de la connaissance qui nous arrive par le ministère des sens; ceux-ci peuvent quelquefois n'être pas dans leur état normal.

En morale, la signification du mot conscience est tout à fait différente : au moment où nous allons faire une action, notre raison, primitivement pourvue d'axiomes de vérités absolues, relatives au bien et au mal, prononce qu'elle est bonne ou mauvaise, qu'elle doit par conséquent être faite ou évitée; l'action accomplie, elle juge que nous avons mérité suivant que nous avons agi, conformément ou contrairement à sa première décision. A la suite du grand jugement naît en nous un sentiment agréable ou désagréable, appelé sentiment moral, et qui, joint à ce jugement, compose le phénomène qu'on nomme approbation ou désapprobation morale.

Que peut-on dire en faveur des théories hypothétiques? L'on entend dire qu'elles sont utiles dans l'enseignement pour lier les faits quoique l'on ne soit pas bien convaincu de ces avantages. Néanmoins on ne doit rien leur ôter de ce que l'on peut dire en leur faveur, il peut y avoir de l'utilité à les ignorer, il devient indispensable de ne pas être étranger à l'histoire de la science médicale. On est obligé de connaître ces théories; or, il semble que, dans chacune, l'auteur a entrevu une variété qu'il a convertie promptement en une erreur, soit en l'exagérant, soit en la noyant dans des fusions. Si l'on peut soupçonner si rudement du vrai et le dégager de l'entourage qui l'étouffe, il convient de lui donner sa forme naturelle et de la rendre reconnaissable à tout le monde. En faisant la même opération à chaque théorie hypothétique, on finit par avoir dans son esprit une réunion de propositions aussi vraies que peut comporter la science qui en fait partie, de cette manière chaque théorie hypothétique est, non la représentation de la réalité, mais son emblème, et la galerie de ce tableau mensonger réveille dans l'intelligence les vérités les plus précieuses des inventions.

Le sentiment transporte dans la sphère intellectuelle et morale; la sensibilité devient ce sentiment. Ce qui était sensation dans l'ordre des phénomènes du corps se transforme en sentiment dans les phénomènes de l'intelligence et de l'activité morale; les sentiments ne se coalisent dans aucun organe, quoique les sensations soient une condition de leur développement. Ils viennent à la suite de la connaissance. Les sentiments ont toutefois un caractère commun avec les sensations; ils sont affaiblis, c'est-à-dire qu'ils sont accompagnés d'une émotion agréable ou pénible. Le plaisir, la douleur que nous avons trouvés à la racine de toute sensation revêtent dans le sentiment de la forme, de l'amour et de la haine, qu'on peut appeler les deux sentiments fondamentaux, susceptibles, dans leurs développements, d'une foule de nuances, telles que le désir, l'espérance, la joie ou la crainte, le désespoir, la tristesse, et tous ces phénomènes sont passifs, involontaires, et marqués d'un caractère de fatalité ; néanmoins, parvenus au degré où ils se changent en passions, ils admettent un certain mélange d'activité.

Les sentiments sont de diverses espèces ; on peut les partager en deux grandes classes : ceux qui naissent de l'exercice de l'intelligence, et ceux qui naissent de l'activité morale. On peut encore les distinguer par leur objet, et l'on aura ainsi le sentiment du beau, du vrai, du bien, de l'infini, les sentiments intéressés qui se rapportent au bien-être du moi, ces sentiments sympathiques ou ces affections qui nous portent vers nos semblables.

Le sentiment est la vie de l'âme; il se mêle inévitablement à l'action de nos autres facultés ; la volonté et l'intelligence ne peuvent se soustraire à l'influence de ce puissant mobile. L'homme qui faillit, qui se laisse entraîner à des actes condamnables ne pourrait échapper aux remords de la conscience ; et, au contraire, l'homme de bien a en lui-même une première récompense : la justification intime que lui donne sa conduite vertueuse. C'est l'erreur des stoïciens d'avoir cru pouvoir anéantir ce sentiment, et l'exclure des déterminations humaines. Ce sentiment jouera toujours un rôle important dans la morale, où il devance les prescriptions de la raison, tout comme dans la statique, le beau nous est révélé par le sentiment avant d'être justifié par la pensée.

Je préfère prendre pour guide et pour école sentimentale J.-J. Rousseau que tout autre auteur. Dans les éloquentes protestations contre la morale de l'intérêt et contre les tendances sensualistes de tout siècle, et le plus souvent dans les disciples de la morale sentimentale, sa conscience, à laquelle il en appelle, est pour lui un sentiment intérieur instinctif, qui nous révèle le bien et le mal d'une manière infaillible. Chercher une base immuable et absolue à la morale dans le sentiment qui, de sa nature, est essentiellement immobile, variable et relative.

On doit conserver les théories hypothétiques comme monument, mais ne pas les regarder comme parties essentielles de la science.

La partie la plus abstraite de la science c'est la philosophie de principes des êtres ou des causes premières. La difficulté du problème aurait dû rebuter les plus sensés ; car, comme l'a dit un moderne, ce temple est ouvert à tous, et le sanctuaire fermé quand le philosophe veut faire un pas de plus que le vulgaire. La majesté du lieu semble le repousser et le rejeter dans la foule.

Cependant il y a peu de sujets que les Grecs aient autant agités. Aussi, de bonne heure, la philosophie fut-elle inondée de théories hypothétiques, dont la poésie a fait son profit, et où la morale et la science ont également trouvé des autorités, et dont les sciences philosophiques n'ont tiré aucun avantage.

On sait que, dans tous les temps, l'homme a été regardé comme le monde en recourci ; que les systèmes de philosophie ont été constamment appliqués à l'étude de son être ; ainsi chaque sectaire l'a vu à sa manière. La philosophie des causes premières a bouleversé continuellement la philosophie naturelle, la morale et la médecine. Tant de tentatives diverses et contradictoires, hasardées depuis une infinité de siècles par l'esprit philosophique ont pu rendre suspecte la philosophie elle-même, et faire désespérer de la solution du problème rationnel qui consiste à trouver un système de certitude fondé sur des principes; il est des bornes infranchissables, dans les phénomènes de la nature, que l'homme ne peut jamais pénétrer, toutefois, n'ayant pas l'ambition de vouloir découvrir quelle fut l'origine de la matière dont le soleil et les étoiles furent formées, quel fut le mode et l'époque de leur commencement. La science serait muette pour nous comme elle le fut toujours pour les physiciens, pour les chimistes, pour les physiologistes, pour tous ceux enfin qui ont tenté de surprendre cet éternel secret; elle ne pourrait que nous inviter à abandonner cette question, et à ne pas nous hasarder dans des voix abstraites et conjecturales, ses lois sont immuables; elles ne furent ni ne seront jamais violées; qu'il vous suffise à les découvrir exactement, pour admirer l'ensemble et l'enchaînement. Leur créateur verra sans doute avec complaisance les efforts que vous ferez dans ce noble but, ils seront le plus digne hommage rendu à la beauté de son ouvrage, et vos succès dans cette étude proclameront encore la haute perfectibilité de l'intelligence dont il lui a plu de vous orner; mais renoncez désormais à rechercher la source de cette matière, le mode et l'époque de sa première création. Vous pouvez remonter, pour l'examen de l'enchaînement des faits, jusqu'à la première des lois auxquelles la matière fut soumise dès son origine; si vous parvenez à ce terme, encore très-reculé, soyez fier des fruits de vos efforts.

Cependant, pour nous, atomes imperceptibles, qui végétons dans cette légère couche d'air humide, il n'y a point d'expression pour peindre notre petitesse et la faiblesse de nos moyens quand nous les employons à agir sur notre globe.

Et pourtant, cet atome si faible a mesuré la terre, dont les dimensions l'écrasent ; il a mesuré le soleil, un million de fois plus gros qu'elle ; il a calculé la distance qui le sépare de cet astre dont ses faibles regards ne peuvent soutenir l'éclat ; il a reconnu dans les milliers d'étoiles qui, au firmament, ont des soleils répandus dans l'immensité de l'univers et emportent avec eux le globe sans lumière dont ils règlent tous les mouvements, capable dans sa petitesse de s'élever à l'idée d'un espace sans bornes. La terre n'est plus aux yeux de sa pensée agrandie qu'un grain de sable perdu dans les espaces infinis.

N'y a-t-il pas là de quoi faire bien de réflexions sur la supériorité de l'esprit humain, qui lui fait concevoir de si grandes choses, quand la nature semble l'avoir condamné à végéter dans un cercle si étroit ? Pourtant je n'ajouterai pas un seul mot ; souvenons-nous seulement, dans tout ce que nous dirons sur les révolutions du globe, que nos moyens, pour les modifier, sont si faibles, qu'on peut à peine compter pour quelque chose l'influence qui nous a été donnée de pouvoir exercer sur lui (1).

Il n'y a du repos parfait nulle part, ni solide, ni fluidité absolue ; tout, sans doute, se fait mécaniquement dans la nature sous la loi de continuité ; mais les principes de cette mécanique infinie dépendent d'une cause matérielle. La nature n'est pas la boutique d'un simple ouvrier, il y a de l'infini pour tout, et toute cette variété infiniment infinie est animée par une sagesse architectique plus qu'infinie. Il y a partout de l'harmonie, de la géométrie, de la métaphysique, et pour ainsi dire, de la morale. Toute la nature est pleine de miracles, de merveilles, de raison où l'esprit se perd et ne comprend plus rien, bien qu'il sache que cela doit être ainsi. On admirait jadis la nature sans la comprendre. Les Cartésiens ont commencé à

---

(1) Lettre sur la révolution du Globe, par Alexandre Bertrand, 1845.

la croire si facile, qu'ils sont allés jusqu'au mépris ; d'autres l'ont attribuée à un être fictif par esprit de spéculation pour exploiter les faibles ; il faut l'admirer avec intelligence et reconnaître que plus on l'étudie plus on y découvre des merveilles, et que la grandeur et la beauté de la raison même est ce qu'il y a pour nous de plus grand et de plus incompréhensible.

Lorsque l'esprit est parvenu aux termes des propositions inductives, et que pour aller plus loin, il ne voit que des hypothèses, il s'arrête, et que chaque inventeur appelle l'homme qui cherche la vérité, il le somme d'aviser, sous peine de ne pas tomber dans les lacs de ses rivaux.

Après avoir fait la revue de toutes les connaissances dans toutes les époques, et réfléchi sur les coordinations des parties fondamentales, basées d'après les dogmes dont toutes les sciences ont besoin, surtout afin de se rendre raison, dans la théorie comme dans la pratique, de la science médicale, dans pareil cas, on doit être pénétré de l'importance des études et des dogmes, car, loin de les négliger sur la foi des auteurs, afin d'éviter les fautes et les désappointements, il faut s'appliquer avec zèle à rester persuadé que, sans la connaissance profonde de tous les faits de la nature humaine, des phénomènes les plus rares comme des plus ordinaires, il est impossible de comprendre la philosophie, et par conséquent les dogmes créés pour faire marcher la science dans une science naturelle inductive; car on n'est sûr du présent qu'en vertu de la connaissance que nous avons du passé. On ne peut pas exiger maintenant que l'antagoniste recherche son adversaire pour mieux connaître l'esprit de ses productions. Le territoire scientifique est aujourd'hui trop vaste, et les citoyens de cette république trop nombreux pour que les contendants soient tenus de se mesurer tête à tête; mais rien ne peut empêcher un critique de posséder complètement les pensées d'un auteur dans la matière qu'il examine.

Quand on connaît la faiblesse de l'intelligence humaine, on n'est surpris de rien. Il est bien difficile que dans la récolte des vérités en grand, il ne s'y mêle pas quelque erreur des opinions suspectes, au figuré comme au propre ; quand la moisson est faite, il faut glaner, vaner et cribler ; l'esprit n'est pas plus infaillible que la main ; Lordat, Montpellier.

Mais, outre l'altération des vérités, qui provient de l'infirmité humaine, il en est une autre qui provient de l'artifice. L'expérience nous prouve tous les jours, tant en politique qu'en morale, que la vérité entre difficilement dans la plupart des esprits, si elle n'est assaisonnée de quelque fiction: en pareille science il n'en faudrait pas ; l'histoire n'est écoutée qu'au dénigrement de la poésie ; les sciences physiques et physiologiques qu'au moyen des hypothèses qui sont une sorte de poésie ; les sciences psychologiques ou morales qu'au moyen de l'éloquence, dont les fonctions sont d'obliger l'imagination à circonvenir continuellement l'intelligence, et de celui qui transmet et de celui qui reçoit. L'on voit même que les dogmes religieux ont besoin d'être relevés chez les peuples par toutes les ressources de la rhétorique, et chez les savants, par les arguties de la scholastique.

Puisque l'homme est ainsi fait, il faut le plaindre et non le blâmer ; telle est sa destinée !

Éloigné des exagérations des doctrines antiques, des réformes modernes, je m'attends à être repoussé par les uns et par les autres ; le fort de ma conscience ne manifestant que ce que je crois être le plus près de la vérité, j'espère que les esprits qui ont vieilli dans les préjugés sauront différencier ce qui mérite d'être à même de devenir utile.

Il est malheureux que les hommes sensés et instruits, eux qui devraient par leurs exemples tracer la conduite à tenir dans les états, ne cherchent à démontrer dans leurs actions scientifiques qu'une marche rationnelle, fondée sur les meilleurs dogmes d'observations, aussi sincèrement qu'ils le croient, et ne pas s'éloigner par leurs actes de cette jonglerie infâme qui dégrade notre espèce.

Libre du joug de l'intérêt et de l'ambition, exempt d'idées préconçues, ne reconnaissant que la vérité, qui tôt ou tard assure son triomphe, je fais des vœux pour cet accomplissement. Tels sont ma morale et mon culte.

Dotés comme nous sommes des moyens des plus avantageux par la presse qui rend expéditifs à nous éclairer mutuellement, et pouvant profiter des lumières si abondamment répandues par tout pour faire jaillir des théories et des principes en les établissant solidement, afin qu'ils servent de guide et de base de conduite.

C'est surtout, je le répète, par le merveilleux organe de la presse, et des faits et des gestes des hommes éminents ; c'est par le concours universel de toutes les presses, qu'on acquiert, à l'heure qu'il est, très-rapidement et très-sûrement, les connaissances les plus utiles, les plus précieuses et les plus variées.

Plus l'éducation d'un individu ou d'un peuple sera soignée, moins ils seront disposés à se placer sous le joug du pouvoir, qui ne tolère jamais le plus minime examen.

S'il devait en être autrement, nous nous attacherions de préférence aux observations de nos devanciers, à leur manière de la comprendre, de l'acquérir et d'en faire usage ; il appartiendrait alors à la réunion des sociétés savantes, aux congrès scientifiques de l'Europe moderne, de fléchir sous cette fâcheuse tendance !

On ne peut pas admettre l'expérience dans les sciences, parce qu'elle n'est pas propre à éclairer présentement, puisqu'elle ne peut qu'instruire du passé seulement, jamais du présent, et encore moins de l'avenir. Quel est, en effet, l'individu présent et doué d'assez de suffisance et de fatuité pour oser soutenir que ce qui a eu lieu dans des circonstances en apparence parfaitement identiques, va se renouveler exactement de même dans le moment actuel ou à quelque temps d'ici? Il n'est donné à aucun mortel d'embrasser et de mesurer la portée de toutes les causes qui ont donné lieu à tel ou tel phénomène, et qui pourront le reproduire et le modifier.

Qu'est-elle cette expérience dont on fait tant de cas en médecine? Hélas! le plus souvent rien qu'un mode particulier et purement individuel, de voir et d'apprécier certains objets, de s'en laisser impressionner de mille manières différentes, de juger tout ce que l'on voit, suivant qu'on est soi-même imbu de telle ou telle théorie, qu'on partage aveuglement l'esprit de quelque coterie, qu'on a épousé certains partis. Tous ces imbroglios, ces résumés, du reste bien strictement jetés au nez des deux médecins, Hippocrate dit oui, Gallien dit non; voila ce qui désapprécie cette expérience.

Les faits que les phénomènes humains produisent sur nos surveillants, notre intelligence qui nous force à observer la marche que tiennent ces phénomènes, pour être bien constatés et prendre rang parmi nos connaissances solides, on a besoin d'abord qu'elles soient observées et appréciées, sans quoi, elles n'existeront pas pour nous, cependant il aurait pu se passer bien des siècles avant qu'on eût plusieurs observateurs habiles, ayant successivement sorti tous ces faits du domaine de la routine aveugle et du grossier empirisme, avant que par leurs efforts ils les aient élevés à la hauteur scientifique ou pratique.

Du reste, il doit arriver assez souvent que tel fait aura été observé plus ou moins mal que pour tel autre, une seule observation très-bien ou très-mal faite aura paru suffire; qu'ici une masse imposante de faits et d'observations n'équivaudra jamais qu'à zéro; tandis que là, au contraire, un fait unique, observé une seule fois, sera décisif, parce qu'il est la conséquence immédiate des prémices ou d'éléments incontestables dont on dispose, ou bien le pendant de la puissance du génie de l'observateur.

L'observation précède l'expérience. Comment aurait-on pu présumer les faits et les différencier les uns des autres ? Il est vrai qu'on pourrait dire que l'humanité continue dès-lors d'être dans l'enfance, que nous ne sommes guère, en fait de connaissances, que des pygmées, un peu moins imperceptibles que nos devanciers, de sorte que nous devons comme eux nous traîner terre à terre à la faveur d'un peu d'expérience, voir même d'empirisme et de routine ; mais ses réflexions sont loin d'être justes, grâce à la réunion des corps savants, aux divisions de plus en plus tranchées et générales du travail ; on ne saurait trop témoigner de la gratitude aux difficultés que ce travail entraîne, surtout lorsqu'il est fait sans passion et sans système préconçu (1).

Le caractère essentiel de la nature est d'être immuable. Quoique multiple dans ses manifestations, la foi, c'est la vérité. La matière organique est comme une cire molle que l'on pétrit, qu'on combine de mille façons en produisant toujours des êtres nouveaux qui ne ressemblent à leurs devanciers que par l'identité de leurs conditions organiques fonctionnelles d'existence. Quel vaste champ ouvert à l'observation ; quel aliment pour l'insatiable curiosité de l'homme de voir, de voir encore et de découvrir toujours ! Ne soulever que le voile dont la nature a couvert ses trésors, c'est une joie qu'il n'est donnée qu'à un philosophe prudent de connaître.

Les sciences philosophiques ne sont pas arrivées au point de perfectionnement sans avoir subi l'épuration des siècles ; il a fallu bien des tâtonnements, bien des erreurs, bien des théories absurdes considérées

---

(1) La chirurgie pure, de Mathieu Mayor, 1843.

longtemps comme des vérités, puis rejetées avec dédain comme des erreurs grossières, avant d'avoir analysé le petit nombre des faits authentiques sur lesquels repose la science moderne. Ce n'est que de loin en loin, et comme de rares phénomènes que sont apparus ces hommes philosophes qui devancent les autres par la haute portée de leur génie, et qui ont indiqué la marche à suivre pour arriver à la vérité.

L'histoire des progrès de l'esprit humain, de la civilisation et des sciences mystérieuses, d'abord enveloppée du même voile que les sectes, fut monopolisée par les prêtres au profit d'un nombre d'adeptes; elle fut ensuite professée par les philosophes sous les formes obscures et ambitieuses de l'antiquité; les peuples demeuraient étrangers à leurs développements, et on ne leur livrait que des fictions propres à perpétuer leur ignorance, et sans penser même à leur procurer leur existence. Voilà cette philanthropie qui fut perpétuée depuis l'origine de la civilisation.

Le mouvement des esprits, cette tendance continuelle des hommes instruits vers le perfectionnement de l'intelligence, a vaincu les préjugés longtemps voilés par le charlatanisme, l'orgueil et la mauvaise foi. Les lumières ont peu à peu éclairé les nations, agrandi la sphère de la pensée, à chaque réforme et à chaque grand mouvement social. Les sciences ont agrandi leur domaine, l'on a compris que leur diffusion intéressait tous les hommes qui, vivant au milieu de la nature, puisent dans l'étude des lois qui prédisent à la vie et au développement des êtres, de nouveaux moyens de satisfaire leurs besoins et d'augmenter leurs jouissances.

C'est surtout, je le répète, par le merveilleux organe de la pensée des faits et gestes des hommes les plus éminents. C'est par le concert universel de toutes les presses, qu'on acquiert, à l'heure qu'il est, très rapidement et sûrement, les connaissances les plus utiles, les plus précieuses et les plus variées, sans qu'il puisse être question de l'expérience. Oui, il est doux de le proclamer, et l'expérience elle-même pourrait se vanter ici d'être une foi d'accord avec la raison. Oui, l'émancipation toujours croissante de l'imprimerie est l'heureux et puissant correctif de la lourde expérience, de ses bévues et de ses sottises. En effet, plus la presse sera libre et sage, plus elle étendra son heureuse influence, plus elle sera goûtée et appréciée par un plus grand nombre d'individus instruits ou avides d'instruction, et moins aussi il pourra être question de l'expérience telle qu'on l'entend partout. En d'autres termes, plus l'éducation d'un individu ou d'un peuple sera soignée, et moins il se souciera de se placer sous le joug du pouvoir qui ne tolère jamais le plus mince examen, aussi, grâce à l'essor général que l'on peut prendre à la pensée et aux encouragements que reçoivent partout le zèle, le savoir et le génie. Peut-on prédire à la lorette des maniaques que bientôt elle ne se verra plus courtisée que par quelques rares aliénés, au delà et en deçà du détroit de la Manche.

Voyez au demeurant l'étrange position qu'on nous fait aujourd'hui encore par et pour cette expérience, telle qu'on la comprend en général. S'agit-il, par exemple, d'une innovation importante dans cette science, d'un moyen, d'un procédé, d'une médication, dont le besoin se fasse profondément sentir, et en faveur desquels partent hautement déjà l'analogie, l'induction, le témoignage de praticiens recommandables, ainsi que des essais heureux qu'on peut facilement et impunément reproduire, eh bien! qu'arrive-t-il alors même aux académiciens, aux hommes haut placés, et à leur cohorte obligée et docile des stationnaires et conservateurs à tout prix? Ils ne nient pas précisément que l'objet en question ne puisse avoir son bon côté, mais ils insistent avec force sur des nouvelles épreuves, sur des faits mieux articulés par leur aveu, plus de netteté, et avant tout sur la nécessité de consulter plus longuement l'insatiable, l'indéfinissable et la mystique expérience, et toujours l'espérance.

C'est fort bien ; mais pourrait-on croire bonnement que tous ces retardataires titrés mettront la main à l'œuvre quoiqu'ils le disent, afin de multiplier ces essais tant désirés, d'accumuler et d'éclairer ces faits si importants, et de donner gain de cause à cette expérience si dévotement invoquée ? Pas le moins du monde, ils se soucient au contraire si peu de cette expérience-là et de ses faits, qu'ils les récuseraient, en fussent-ils convaincus, clairs comme le jour, et aussi nombreux que les étoiles qui scintillent au firmament.

C'est ainsi du moins que sous le règne fangeux de l'expérience, le quinquina a été baffoué près de cent ans avant de pouvoir être introduit dans la pratique contre les fièvres intermittentes, que les moyens dont Paracelse et les alchimistes ont enrichi la matière médicale, ont été vus avec horreur tout aussi longtemps que le tartre stibié, entre autres a l'honneur de la proscription par certains parlements, et que l'inoculation se glorifie également d'un sort pareil. Que faisaient alors à Paris les hommes de l'art et du savoir? Il est probable qu'appuyés bravement sur les échasses de leurs expériences, ils reconnaissaient et s'amusaient à traîner dans la boue ceux qui s'appliquaient à leur faire entendre la voix de la vérité.

Un sommeil séculaire, en face d'un besoin si vivement senti, auquel quelques légers essais pouvaient remédier, et en fort peu de temps à cette longue liturgie auraient droit de surprendre de la part de l'expérience, si l'on ne savait pas qu'elle professe encore, et au plus haut degré, cet autre doctrine, cette belle maxime émanée, dit-on, de la sagesse suprême, qu'en fait d'objets chers à l'humanité on ne saurait jamais se hâter trop lentement.

Combien de siècles l'expérience a-t-elle passée dans un profond et stupide sommeil, au milieu des tourbillons des noires et brûlantes vapeurs, sans même en soupçonner la puissance ? Et est-ce bien à elle qu'il faut savoir gré des immenses bienfaits que procure l'application de ce précieux moteur ?

Mais aussi admirés par un fait à jamais déplorable, combien ont de constance et de force, et à quel point sont sacrés les décrets de l'expérience, les coups les moins capables de nuire à la substance la plus précieuse.

Les temps font les hommes, et les hommes réagissent sur les temps. Croire est leur premier besoin. Plus avides encore de sentir que soucieux de comprendre, leur pensée se meut dans un cercle étroit, que rarement ils essaient de franchir. Tel est pourtant l'état de l'homme, et il ne faut pas à certains égards, se plaindre de cela. Ce qu'il perd en développement il le gagne en repos, et après tout, ce qu'on ne peut faire est si peu de chose auprès de ce que nous sommes condamnés ici-bas à ignorer toujours, que pour laisser croupir l'esprit dans une stupide et louche indolence, il y aurait quelquefois de la sagesse peut-être à vouloir moins pénétrer ce que, sous tant de rapports, il nous est impossible de démontrer, et attendre en paix encore quelque temps la levée radieuse de la science.

Et que dire des administrations très éclairées d'ailleurs, et heureusement disposées, qui chicanent cependant ceux qui ont fait leur possible pour faire progresser la science, qui se livrent avec zèle dans de prudentes et nombreuses recherches, et en n'y épargnant ni le temps ni leur argent.

Quelles sont, ou plutôt quelles devraient être les conditions de la vraie expérience ? Elle réclame des faits suffisants, soigneusement observés, convenablement analogues, logiquement raisonnés, et judicieusement appliqués, le tout afin d'en tirer avec une certaine précision des préceptes, des principes propres à des règles, et les élever à la hauteur des doctrines avouées par la science et la raison. Il faut convenir alors que cette expérience-là se trouvera singulièrement noyée et annihilée au milieu de ces faits, de ces règles et de ces doctrines.

Oh! que de découvertes heureuses on eût faites, et à combien de progrès on fût parvenu dans les sciences et les arts si, au lieu de perdre un temps précieux en se mettant sottement à la remarque d'une séductrice, ou en se faisant éclairer par la fille de joie de Johnbull, en délire, on eût fait des essais nombreux, des efforts soutenus, et des recherches bien combinées, pour progresser sans elle. Et malgré elle ne serait-il donc pas temps de changer de marotte?

On comprendra du moins, et on pardonnera j'espère l'indignation dont on doit être animé contre cette perfide et audacieuse divinité, de temporiseurs éternels, de conservateurs d'argent, seul moteur de cette divinité routinière, quand même, des adorateurs de pratique surannée et des séides du statique.

Aussi, plus on parle expérience, moins on doit y croire; plus on le fait sonner haut, plus on doit être convaincu que c'est dans un mauvais but et que l'on veut en imposer, lorsque par exemple, on entend invoquer par des phrases ronflantes l'expérience qui décide tout, l'expérience à laquelle on doit constamment en appeler, l'expérience, la bonne vieille expérience de nos pères; quand on lit ce grand mot, on doit se tenir pour averti, qu'il s'agit de s'opposer à une heureuse innovation, à la suppression d'un abus criant, à la réforme de quelque mauvaise pratique, ou bien de flatter des préjugés, de caresser de tristes habitudes, d'encenser des traditions étrangères, des flagorneries, des empiriques fieffés, d'assurer des triomphes des croyances populaires les plus monstrueuses ou d'autres déceptions analogues.

La cause de ce vacarme oratoire est facile à comprendre, la plus part des choses de ce monde, contre lesquelles on s'efforce de faire prévaloir purement et simplement les expériences, sont si évidentes et tellement fondées en raison, qu'il est impossible de les attaquer de front, et qu'on est réduit, pour les combattre, à recourir aux subterfuges et aux arguments des hommes ignorés.

On doit tirer de toutes ces notions les conclusions suivantes : 1° le mot expérience, soit comme mot, soit comme chose, est, sinon vide de sens, du moins fort équivoque et obscur ; 2° lorsqu'on prononce l'un, ou qu'on va prononcer l'autre, ou bien l'on s'exprime très-mal, ou il ne s'agit en réalité que de routine et de grossier empirisme ; 3° le dernier se trouve le plus souvent sur la même ligne que la première ; 4° on confond sans cesse celle-ci avec les faits et l'observation ; 5° ces deux expressions, toujours parfaitement compromises, définies et suffisantes donc pour rendre tout ce qu'on entend sous le nom vague et insaisissable d'expérience; 6° il faut par conséquent que l'expérience soit la source unique et pure, où l'on doive puiser toutes nos connaissances ; 7° les doctrines, les théories, les éléments, les principes, les connaissances, les souvenirs, le tact exquis, le jugement pour la meilleure application de bases fondamentales des sciences; toutes ces choses doivent être envisagées comme guide par excellence ; 8° les faits, les observations plus ou moins judicieuses et leur enregistrement, soit par le génie et la haute raison des observateurs, sont les véritables jaloux de la théorie et de la pratique ; 9° l'expérience n'est qu'un hors d'œuvre, qu'une lourde superfétation et qu'un fatal encombrement à côté de ce travail intellectuel ; 10° il est temps de s'arrêter, car l'expérience, ce mauvais génie des choses humaines, sourirait trop si l'on allait oublier que l'on devient assommant lorsqu'on ne sait ni se restreindre ni se modérer, quand on a le malheur de se répéter sans cesse, et qu'on n'a pas le talent d'intéresser; aussi doit on faire grâce à ses lecteurs de quelques autres réflexions, à condition toutefois de mettre désormais complétement à l'index les mauvais tours de cette vieille radoteuse.

Les vrais observateurs font de grandes choses avec peu de bruit à l'inverse de tant d'autres, qui font plus de bruit que de besogne (1).

Cependant le désir de s'instruire et de savoir, lorsque l'orgueil ne l'égare point, est aussi un indice de notre grandeur réelle, et comme un effort pour atteindre le terme auquel nous devons sans cesse aspirer.

Donc, quelle que puisse être l'indolence des masses, il y a dans l'homme considéré en général une curiosité inquiète, insaisissable, impressionnable qui appartient à sa nature et qu'on n'étouffe jamais; il veut connaître, concevoir toujours d'avantage ; de là sont nés tant de systèmes, qui, proposés, rejetés, reproduits ensuite sous de nouvelles formes, fatiguent depuis longtemps la raison humaine.

Combien de fois n'a-t-on pas à scruter la conscience dans le cours de la vie pour savoir si peut être un penchant vicieux ne voit en soi-même que des faux aperçus? mais comme on ne peut pas prévoir jusqu'où elle mènera, la perspective d'une réputation quelconque ne doit jamais s'ouvrir à un esprit sensé d'ailleurs, avec un bon moyen d'y parvenir, que d'oser avancer des idées extraordinaires et dénuées des probabilités démenties dans l'instant même, ou dans peu de temps.

Les avantages que présentent les goûts divers dont nous nous formons dans les études, en reculent les bornes de l'entendement, l'intelligence, fille du temps et du besoin, qui perfectionne, doit sans doute faire envisager comme la source de toutes les connaissances; cependant elles deviennent souvent des erreurs des hommes. En effet, si l'on considère que les sciences ne semblent pas faites pour l'homme en général,

---

(1) Chirurgie pure, par M. Mayor, 1843.

qu'il est né pour agir et penser et non pour réfléchir, puisque la réflexion le rend souvent malheureux ; si l'on considère qu'il est plus porté au grand qu'au vrai, qu'il est obligé de s'en rapporter au témoignage d'autrui, sa vie étant de trop courte durée pour tout vérifier par lui-même, s'il faisait attention que celui que la fortune a condamné à la médiocrité, aime à croire et pense qu'il lui semble être assuré à sa gloire en partageant ses opinions avec celles des autres ; si l'on envisage enfin que l'esprit humain paraît avoir des bornes générales, au-delà desquelles il ne lui est pas permis de s'éloigner ; qu'il arrive de temps en temps à autre, des époques où il franchit tout d'un coup un espace et intervalle surprenants, et qu'après cet effort il s'arrête, sans qu'il soit possible d'en donner d'autre raison qu'une fatalité invisible, qu'il faut en tout genre que la longueur des connaissances succède à l'activité. Ainsi, la longueur au repos du mouvement, on concevra sans peine la vérité de cette assertion qui explique facilement l'état de torpeur de certaines sciences pendant des périodes plus ou moins longues, on reconnaîtra la véritable origine d'une foule d'opinions erronées.

Qu'on applique ces réflexions générales à la médecine, où l'esprit de servitude paraît avoir particulièrement exercé ses funestes influences, qui s'est cultivé d'abord par des hommes qui joignirent à quelques remèdes simples, les charmes, les enchantements, la musique, persuadés que pour séduire la multitude qui semble n'avoir que des sens extérieurs, il fallait lui présenter des faits qui s'éloignassent des lois ordinaires de la nature, et qui, dans des temps plus éclairés, ont fait rougir l'humanité. Avec de tels moyens cette science pouvait-elle se perfectionner (1) ?

---

(1) Voyez Raspail dans son histoire naturelle des animaux appliquée à la médecine humaine.

« Notre évaluation paraîtra hors d'idées, mais elle est faite avec le livre à la main, et si jamais, pour nous réfuter, on prend la peine

Aussi, malgré les efforts de quelques philosophes, ne fit-elle pas des progrès depuis Hermès jusqu'à Hyppocrate, génie sublime que la Grèce enfanta pour donner des leçons au monde. C'est le grand observateur des phénomènes naturels, qui conçut une de ces grandes idées qui changèrent la face de la médecine; ce fut lui qui prouva que l'observation ne pouvait être conçue que par le raisonnement, seul guide d'une pareille science, afin de rectifier les théories par la pratique. Depuis le règne de cet homme extraordinaire, dont les écrits sont les plus beaux plaidoyers qu'on ait jamais fait en faveur du genre humain ; cependant on lui conteste certains talents (1). Ses talents observateurs se sont réduits dans un état de pure explication, seule ressource qui reste aux hommes consciencieux, lorsqu'ils envisagent les phénomènes de la nature tels qu'ils sont, pour nous

de confronter au lit du malade l'une de ces meilleures descriptions, on nous rendra la justice que nous n'avons rien exagéré, et que nous avons bien médité avant d'écrire.

» Les médecins grecs finirent par l'établir à Rome. La médecine du temps de Pline était la seule des arts des Grecs dont la gravité romaine ne croyait pas. Marcus Caton écrivait à son fils : je veux te dire, ô mon fils! ce que tu dois apporter d'Athènes ; leur littérature est bonne à parcourir et non à apprendre. Quand cette nation sera parvenue à nous corrompre, que sera-ce si elle nous expédie les médecins; ils ont juré de tuer tous les barbares avec les ordonnances des médecins, sur la foi de traités, et pour cela ils exigent un salaire, afin de mieux perdre le malade; je t'en dis assez. Cependant ils la faisaient apprendre à leurs esclaves dont ils récompensaient par l'affranchissement de leurs services et le mérite qu'ils avaient acquis dans cet art; témoin Antonius Musa, affranchi d'Auguste, qui obtint le privilége patricien, un anneau d'or au doigt, que le sénat fit élever une statue d'airain à côté de celle d'Esculape, pour avoir sauvé la vie à Auguste, en le faisant mettre dans un bain froid.

» S'il faut savoir gré à Hippocrate de nous avoir légué ses observations avec cette précision dont son époque ne possédait pas un grand savoir dans cet art si compliqué de connaissances humaines. Il ne faut pas également avoir un engouement rétrograde qui nous porte à lui attribuer par anachronisme tout ce que les siècles suivants ont découvert de plus que lui. Ne faisons pas une bible et un symbole; n'enchaînons pas les progrès avec l'échelle de la foi et de la dévotion aveugle.

(1) Traité de la révolution de la médecine par Cabanis.

impénétrables, malgré les prétentieux progrès scientifiques de notre siècle.

L'art de guérir a fait peu de progrès et d'acquisitions depuis Hyppocrate, et cela par l'abus des encombrements des systèmes et des divers dogmes, plus propres à dégrader cette science qu'à lui aider.

Cependant en examinant les progrès que la chimie organique fait de jour en jour, par ses belles analyses, de voir s'il n'y aurait pas à gagner en l'appliquant à la médecine, et si ces analyses peuvent nous mener aux organisations moléculaires des tissus élémentaires formant les organes et les appareils des animaux.

En toute chose, on doit se faire une idée du sujet dont on cherche à traiter; on doit surtout se créer une méthode qui puisse servir à rapprocher les faits épars, pour en tirer des conclusions dont les fruits puissent devenir utiles aux observations faites sur une méthode déductive, propre aux faits déjà pris pour base fondamentale ou analogue, et s'en rappeler avec tout le détail possible attaché à cette méthode.

Non, la tête humaine n'a pas cette capacité. De quoi se rappellera-t-on donc? D'un sommaire des faits connus, c'est-à-dire d'un composé d'extraits connus en plusieurs faits déjà prônés, en médecine comme en toute autre science; cela se fait par une opération involontaire dont on ne rend pas compte. Je défie, quelque heureuse que soit une organisation, de se soustraire à ce procédé et de se rappeler toutes les particularités des faits que l'on a vus, pour peu qu'ils soient obscurs et nombreux, on défie de les revoir identiquement les mêmes dans l'observation présente.

Lorsqu'une science a été posée sur sa base naturelle, il ne lui reste plus, ce semble, qu'à grandir et à se développer par l'acquisition des nouvelles découvertes successives de notre siècle.

Toute théorie, au contraire, qui part d'une conception individuelle et conséquemment arbitraire, méconnaît ou contredit quelque vérité d'observation, ou universelle ou de sens commun, et c'est ce qu'on appelle un faux système. Qu'un physicien, par exemple, cherche à expliquer les propriétés des corps. Arrivé à cette conséquence que le plomb est plus léger que le liége, un moraliste imagine une théorie de laquelle il résulte que le vol et le meurtre sont conformes aux lois de la nature humaine. Qu'un médecin élève à grands frais d'esprit un beau système dont les conclusions logiques sont que l'homme peut vivre indéfiniment sans manger, qu'il n'y a qu'un seul malade, qu'un seul remède, que l'opium ne fait pas dormir, que le quinquina ne guérit pas les fièvres intermittentes et autres choses semblables, il est bien reconnu que ces théories partent de principes faux (au moins dans les généralités), par cela seul qu'elles contredisent ce qu'il y a de vraisemblable dans l'observation.

Mais la marche de l'esprit humain dans les sciences n'est pas toujours directement progressive; différentes causes telles que la propagation d'une découverte nouvelle, l'attention trop exclusivement concentrée sur des faits d'une importance secondaire, les séductions de l'amour propre et le désir de la renommée font éclore de temps en temps des systèmes artificiels, plus ou moins arbitraires, qui retardent sans doute le développement de la science, mais qui ont néanmoins leur utilité en découvrant de nouvelles idées et de nouveaux points de vue d'observation, en faisant approfondir certains détails, et en ramenant la controverse sur des questions qui avaient été prématurément décidées.

Pour faire cette observation il faut une méthode ou une manière de procéder invariable; qu'on donne à cette méthode, si l'on veut, le nom que l'on voudra; qu'on l'appelle système, on n'utilise pas les faits sans système. Les preuves en sont tout autour de nous, et dans les enseignements, en chimie, les systèmes consistent d'abord à présenter des éléments isolés autant qu'ils peuvent l'être. Les lois des combinaisons de ces éléments entre eux font des groupes de ces combinaisons, en les subordonnant les uns aux autres, et les méthodes une fois posées, la chimie reste fidèle à ses principes.

Tandis que dans les autres systèmes sans nombre l'on erre sans cesse dans le champ des multiplications qui sont communes en médecine.

Et d'abord, par une fatalité singulière, cette science sublime, qui pouvait s'enorgueillir de conserver une existence propre et indépendante, se montre toujours trop docile à recevoir les lois des divers systèmes philosophiques qui règnent successivement dans les écoles, à tel point que, depuis Hyppocrate, il serait impossible de suivre les variétés des systèmes en médecine, surtout par les désaccords continuels de la philosophie qu'on y fait prévaloir, ce qui fait que tous les raisonnements que l'on tient là-dessus, depuis une série de siècles, la rendent incompréhensible, ainsi que dans les autres sciences aussi haut placées que l'art de guérir, qui ne sont que des investigations humaines plus ou moins entachées de ces vicissitudes, desquelles on devrait se méfier.

D'un autre côté, le problème de l'organisation est si compliqué qu'il réclame pour sa solution le secours de toutes les sciences; il y a dans le corps vivant, de la chimie, de la physique; il y a une mécanique très-compliquée, des leviers de tous les genres, des anses, des poulies, des voûtes, des phénomènes hydrauliques, etc., etc.; il y a de plus des phénomènes moraux intellectuels, dont l'analyse et l'étude approfondies exigent l'intervention des sciences psychologiques; il fallait donc que la médecine fît des emprunts à toutes les sciences, et par conséquence à peu près inévitable, il fallait qu'elle subît tour-à-tour l'empire de chacune d'elles.

C'est ainsi qu'après avoir été dans différents siècles,

tantôt physiciens, chimistes ou mathématiciens, tantôt métaphysiciens, cabalistes, alchimistes ou astrologues, selon la prédominance de certaines sciences et de certaines idées, les médecins de nos jours, s'étant occupés de l'anatomie, science très-utile, qui cherche la structure des tissus afin de conduire la chimie organique vers les connaissances plus élémentaires des organisations moléculaires, premiers formateurs des appareils et organes fonctionneurs, aideront beaucoup mieux à expliquer plus convenablement les ressources de cet art, afin de prévenir, et de rémédier aux maux dont nous sommes envahis continuellement.

En abordant des questions aussi transcendantes, quelle est donc la nature de tous ces phénomènes qu'à peine l'on peut comprendre? Hélas! elles resteront longtemps cachées à notre piètre intelligence.

L'hypothèse de la table ronde et de la puissance créatrice de l'éducation est-elle plus admissible par l'espèce humaine? L'influence de l'éducation, de l'instruction, des exemples et des circonstances environnantes a lieu principalement lorsque les dispositions innées ne sont ni trop faibles, ni trop énergiques; tout homme sensé, ayant l'organisation essentielle de son espèce a pour cela même de la capacité pour tout ce qui est relatif aux dispositions propres à l'homme; c'est à quoi la nature s'est bornée pour la plus part des individus. Chaque individu diffère d'un autre par un caractère propre à lui, de même qu'il en diffère par la forme extérieure de son corps; telle qualité est donnée à l'un, qui ne l'est à un autre. Chacun a de la prétention ou un talent plus décidé pour tel ou tel objet; il y a donc dans chaque homme quelque chose qui ne tient pas de l'éducation qui résiste même à toute éducation.

Cette individualité ou ce caractère propre à chaque individu se montre de mille manières, à toutes les époques de la vie, sans que l'éducation y ait aucune part.

L'observation prouve le peu de pouvoir de l'éducation, lorsqu'il sagit de dispositions très-énergiques, telle que les hommes doués d'un caractère très-énergique et avec de grandes facultés intellectuelles, ceux-là percent et s'élèvent nonobstant les plus grands obstacles; Moïse, David, Tamerland, Sixte-Quint, avaient été gardeurs de troupeaux ; Grégoire VII fut fils d'un charpentier ; Socrate, Pythagore Théophraste, Démosthène, Molière, J.-J. Rousseau étaient fils d'artisans; ces exceptions dont l'histoire abonde, réfutent Hobbes, qui prétend que la différence des talents est de faciliter, dit-il, l'esprit aux personnes de la richesse ou l'on est né; fatuité insultante à la nature humaine, et une dérision contre le monde entier.

Qu'importe à l'esprit humain que quelque vérité lui vienne, pourvu qu'elle lui soit dévoilée par l'un ou par un autre homme plus ou moins instruit? Il suffit qu'elle lui vienne, et présentée sous de rayons apercevables à l'intelligence; alors ne pourrait-on pas demander, où les premiers hommes, qui n'étaient entourés des bêtes, ont pris leur première éducation, et comment les ont-ils créées où inventées ?

On observe que malgré les contrariétés les plus décidées, et l'éducation la plus opposée aux caractères innés, la nature lorsqu'elle est douée d'énergie, l'emporte toujours dans le bien comme dans le mal (1).

D'après ce parallèle, quelle doit être la conception du devoir d'un homme de bien? C'est l'idée d'une loi qui oblige, puisque c'est le fait, quel est le premier phénomène de morale? c'est la raison; l'idée du vrai emporte de plus l'idée de liberté, car autrement le devoir serait contradictoire, ou plutôt la conception des devoirs n'existerait pas; mais cette idée implique aussi celle de contrainte, et par conséquent celle de résistance, et comme la contrainte dont il s'agit ici,

(1) Exposition d'une nouvelle philosophie des qualités morales et des facultés intellectuelles, par Gall, 1825.

ne peut être qu'une contrainte volontaire que l'homme est appelé à exercer sur lui-même par le pur effet de sa volonté, c'est-à-dire en droit, au service exclusif de la raison et de la volonté, et non des lois morales, c'est ce que l'on appelle antonymie de la volonté; il va jusqu'à s'identifier avec la raison même; mais ce n'est là réellement que l'expression de la nécessité morale avec laquelle la raison s'impose à la volonté. A cet égard donc, la loi contraire contraint en droit fatalement et irrésistiblement la volonté humaine, qui ne peut absolument point y soustraire rationnellement, quoiqu'elle le puisse énergiquement ou de fait, la résistance à laquelle est souvent opposée la contrainte; alors l'idée du devoir provient d'une sphère d'action et de fait étranger à celle de la raison, ce qui veut dire de la sensibilité.

L'idée que l'on doit avoir de la dignité humaine ou de la nature raisonnable de l'homme, c'est lui qui doit faire concevoir inévitablement ce qu'on doit faire pour se rendre plus parfaits. On est obligé par respect pour l'humanité; 1° d'être raisonnable, rien qui ait autre chose pour but, soit directement, soit indirectement, que l'idée rationnelle dont l'homme doit s'occuper; 2° de tout faire dans l'intention de se rendre plus parfait sous ce rapport; 3° de ne rien faire que les autres ne puissent faire également sans préjudice de la juste liberté des personnes; 4° de faire au contraire tout ce qu'il est nécessaire et possible de faire dans l'intérêt d'autrui, sans préjudice de la juste liberté pour le bien de ses semblables.

Toutes ces considérations devraient être observées par tous les hommes consciencieux et désireux du bonheur de ses semblables et du monde entier.

Mais, hélas! en vérité, il serait donc écrit que la loi morale ne sera plus dans le cœur de l'homme! Qui oserait parler plus haut la langue de l'organisation humaine que les vrais philanthropes? Hélas! qu'ils sont encore loin de nous ses beaux sentiments, mais bien le partage de ses hommes pervers, dont on est dévoré depuis trop longtemps.

Philosophes spiritualistes et matérialistes, cessez d'épuiser vos forces en stériles discussions, cessez de plaider pour l'esprit et la matière, marchez progressivement, étudiez d'abord avec le physiologiste l'homme tel qu'il est et qui se présente à vous. On avisera à pousser plus loin ces investigations; il n'y a pas d'autre langage que celui qui commande de marcher du connu à l'inconnu, à l'homme tel qu'il nous paraît, à l'homme tel qu'il est aux fonctions des organes, aux fonctions de la physiologie admise. Voilà, psychologistes, ce que c'est la physiologie organique et dogmatique; voilà pour vous casser la tête avant qu'elle vous explique le phénomène de l'entendement; il sera temps, après l'avoir épuisé dans une autre science, d'étudier la morale par une autre voie; mais ne croyez à la physiologie qu'avant d'avoir obtenu d'elle tout ce qu'elle peut vous donner.

Demandera-t-on maintenant d'où l'on tire cette loi morale, et à quel titre on l'impose à l'humanité? On ne l'impose pas, on la trouve dans l'organisme, exprimée par des organes que l'on voit fonctionner; c'est le grand fait de la constitution humaine qui s'érige en loi; on peut ne pas connaître tous les organes; on peut se tromper sur la signification de quelques-uns d'entre eux; on peut ignorer quelques-unes de ses fonctions, mais l'autorité de cette loi est respectable, elle est sacrée, car elle réside dans les entrailles même de l'humanité. Telles sont les manières de voir de plusieurs auteurs en anatomie physiologique et philosophique, c'est la profession de foi d'une foule d'auteurs instruits, jouissant d'un savoir respectable (1).

Considérant le besoin de l'homme comme autant de facultés, on les passera successivement en revue,

(1) Hygiène de Casimir Broussais; physiologie appliquée à la morale, 1837.

dans la seconde, troisième et quatrième partie de cet essai.

Toutes les fonctions ont pour but la conservation de l'individu, mais les unes atteignent ce but en les mettant en rapport avec les corps extérieurs, et les autres semblent indépendants de ces rapports.

Après beaucoup de vacillation dans sa marche, la médecine semble suivre une marche plus rationnelle qu'elle ne l'a fait depuis plusieurs siècles, afin de trouver une route plus en rapport, à l'organisation humaine. Les inductions, et les raisonnements conduiront aux observations des rapports de l'homme avec les modifications extérieures, finiront à diriger les déductions que l'on fera, en faveur d'une méthode chimico-physiologique sur les éléments pathologiques : en rapport avec l'organisation moléculaires des premières formations; de toute part, cette méthode prévaudra dans les ouvrages, dans la pratique, soit qu'on l'avoue, soit qu'on refuse d'en convenir, parce qu'elle ne peut être suivie sans qu'on ait étudié la vie, qui seule rend les organes ainsi modifiables; toutefois il ne faut pas s'y méprendre, ce n'est pas l'observation de la vie qu'il s'agit, mais les organes vivants, si l'observation s'épuise en méditation sur des préceptes, sur des forces considérées indépendamment des organes ou des corps de la nature, qui ont sur elles de l'action, il manque son but de travail, et alors il ne reconnaîtra que le revers de son imagination.

Puisque la véritable observation médicale est celle des organes et leurs modificateurs, c'est donc une observation des corps, et elle ne peut se faire que par l'intermédiaire des sens; les sens doivent donc en fournir les moyens et les matériaux, et c'est au jugement qu'il appartient d'en tirer des inductions; mais ici se trouve le piége : si le médecin ne tire pas convenablement les inductions, ou s'il a le malheur d'oublier la source d'où elles découlent, il s'égare à l'instant même, et se jette dans la fausse route que l'on vient de signaler.

L'homme est un être faisant partie de la nature, ses fonctions et ses maladies sont soumises aux mêmes lois de l'univers ; toutes sciences médicales se coordonnent, s'enchaînent, se déduisent les unes des autres, et se forment, en quelque sorte, que des chapitres distincts d'un grand ouvrage, dont le plan, la marche, les principes doivent être partout uniformes.

En cherchant à ramasser des faits dont l'enchaînement peut passer dans les esprits l'image du vrai, ou du moins du vraisemblable, et cependant au bout de la course, on est loin d'être content des travaux pénibles, en craignant de n'avoir pas porté suffisamment l'esprit du doute et de réserve qu'on doit faire présider dans toutes les sciences, et particulièrement dans la science médicale la plus importante de toutes et la plus difficile, et celle où les fautes sont les plus dangereuses ; que si, avec les données de tant de siècles, l'inconnu est encore tellement au-dessus du connu, que les hommes les plus instruits sont exposés à chaque instant, ou à commettre des erreurs, ou à avouer leur ignorance, que doit-on penser de ceux qui étaient encore loin de connaître les sciences contemporaines, qui tout récemment font naître quelques lueurs nouvelles sur les combinaisons organiques plus en rapport rationnel que ceux connus jusqu'à ce jour, et surtout plus propres à faire naître une meilleure manière de concevoir la pathologie ainsi que la thérapeutique.

En fait de doctrines, chacun, suivant sa manière de voir, peut croire à l'une de préférence à une autre, mais toujours il doit être guidé d'après des lois d'organisation, vers lesquelles les vues générales se dirigent, en gardant l'indépendance des sciences, en s'aidant toujours par un ordre de raison que l'observation nous apprend à connaître ; c'est une initiation de notre raison à la raison même.

Les doctrines sont la vie de l'intelligence et de la raison humaine; si l'homme en société pouvait jamais abdiquer totalement le patrimoine de la théorie de principes et de la science, il n'aurait plus d'arme contre la fatalité, il deviendrait le jouet inévitable de la risée, ou bien il se renfermerait dans le cercle étroit du présent, et par le seul appétit de sens, il ne serait qu'un animal plus approprié et plus dangereux; alors l'homme vrai aurait disparu. On a signalé avec raison comme un fléau pour la vie des nations, et comme symptôme de discordance, le scepticisme ou l'absence des convictions et des principes sur le fondement des destinées de l'homme sur la croyance du cœur qui est comme l'instinct de l'humanité. Le genre humain doit des grands hommages de respect et de gratitude aux hommes courageux qui, en l'absence de toute doctrine et presque de toute science philosophique, songèrent les premiers à redemander l'un et l'autre principes aux nations voisines, comme un feu sacré dont la dernière étincelle venait de s'éteindre; on sait combien les pensées vivantes et le spiritualisme intègre de ces nations contribuèrent à rassurer, à consoler les esprits ébranlés par tant de secousses, et à ramener les goûts des nobles travaux de l'intelligence qui, en se dégageant d'un ecclectisme fanatique, pourrait nous enorgueillir en nous tenant dans une certaine distance des doctrines arrêtées dans les écoles, qui ne sont que les témoignages des personnes avides de dominations.

De là il résulte que si une proposition est hors de la portée des sens, si elle ne tombe pas sous la voix de l'entendement, lorsque l'on est livré à ses propres lumières; si elle n'est pas évidente, et d'une évidence d'objet, ni liée nécessairement avec sa cause; si elle ne tire sa source d'un argument réel, et n'est purement que par le témoignage de sens qui en a été l'assentiment qu'on lui donne, elle n'est qu'une adhésion de confiance.

Cette définition ressort de la liberté qu'a droit de réclamer toute espèce de croyance, et de l'impossibilité de commander à l'opinion d'autrui, car tous les raisonnements doivent se trouver là où il n'y a pas d'argumentation possible, là où il ne s'agit pas d'acquérir de l'évidence, vouloir donner à autrui un œil organisé comme le nôtre, et prétendre que ses sens le trompent parce qu'ils ne lui offrent pas cette même image qui nous représente ces mêmes idées, c'est certainement se montrer injuste.

Comme dans les circonstances dont il s'agit on se fonde sur une autorité que l'on croit seule en droit de décider de la valeur des faits que l'on atteste, ou des propositions qu'on énonce, on ne peut exiger des autres cette espèce d'abnégation contre laquelle se révolte l'acquiescement de soumettre toute chose à la critique de la raison, il serait aussi injuste qu'impossible de s'arroger le droit d'imposer telle abnégation qu'on voudrait.

Nos propres sens doivent donc nous guider ; c'est le témoignage des sens, tant internes qu'externes; c'est par eux seuls que nous formons une croyance à la démonstration physique du vrai.

Quoiqu'il en puisse être de pareils raisonnements, faisons des vœux pour qu'on examine de plus près s'il n'y aurait pas quelque avantage à consulter les analyses chimico-animales, afin que l'art médical puisse mieux reconnaître une infinité d'avantages, et surtout plus de satisfactions dans les manières de concevoir cet art tant débattu depuis une infinité de siècles. Ce système, moins hypothétique que beaucoup d'autres, et plus facile à se rendre un compte plus séduisant que ceux établis jusqu'à ces jours, est débattu à l'infini.

Entrons dans la matière des raisonnements, et considérons surtout s'il ne serait pas plus analytiquement prouvé que cette application de théorie chimique vaut autant que les autres, pour ne pas dire mieux, lorsqu'elle sera bien comprise, et surtout considérée sur le point de vue de son départ organisateur.

Après s'être demandé d'où et comment venait la maladie, après on a voulu savoir où elle résidait, si elle affectait d'abord et primitivement les solides ou les fluides, les vaisseaux ou les nerfs, mais on n'a pas encore trouvé aucune solution précise de ce problème.

Si l'on se borne à ce qu'il y a d'appréciable dans les maladies, l'on voit qu'elles varient à l'infini ; cependant il semblerait qu'en suivant l'organisation de tous nos tissus dans leurs éléments moléculaires de première formation, on conclurait avec plus d'aisance les propositions élémentaires de chaque maladie, sous les rapports que gardent les organes dans leur état normal et anormal ; ce moyen aiderait, ce semble, également à l'élément manquant en plus ou en moins, en ne s'éloignant pas des prédominances des systèmes organisateurs les uns sur les autres, et ne pas oublier la coïncidence qui doit régner entre eux ; ce défaut d'équilibre rend les organes dans un état morbide.

Ces considérations préliminaires, dont on donne simplement des généralités, sans s'occuper des spécialités morbides, des appareils ni des organes, attendu que cet essai pourrait servir à quelque philanthrope mieux instruit que moi, à découvrir certains phénomènes laissés inaperçus afin de les appliquer spécialement aux moyens thérapeutiques, et mettre le lecteur en même de concevoir combien une pareille théorie peut devenir avantageuse à l'espèce humaine.

Ayant pris pour point de départ l'organisation moléculaire des premiers tissus formateurs du corps animal, leur étude devient alors un point facile à concevoir : plus on connaît les éléments d'un problème, moins on court risque d'arriver à une solution vicieuse ; or, l'élément vital, tel qu'on le connaît, n'est nullement contraire à cette marche ; c'est un motif plus puissant qui aide à approfondir les éléments matériels et organiques, qui ont également leur rôle à remplir dans l'interprétation des mystères organiques ; d'ailleurs, les lumières jetées sur la pratique par les progrès reçus de la chimie organique animale, sont trop évidentes pour être contestées ; l'utilité de cette étude deviendra tous les jours plus évidente, lorsque, surtout, chaque chose sera à sa place, et qu'on n'attribuera à chaque fait bien observé que sa véritable importance.

Voilà où doit aboutir cette doctrine, surtout en s'appliquant à démontrer l'enchaînement qui règne entre les organes et les humeurs ; c'est dans la persistance que l'on concevra que c'est vers ce point que résident tous les secrets accessibles de la vie, et que la science médicale est là.

Une fois initiés dans ces rapports si merveilleux des organes, on cesse de voir dans chacun d'eux leur état maladif des phénomènes isolés, et alors on aperçoit tout le fonds de la médecine des symptômes, ou les aveuglements de l'empirisme et le néant des systèmes ; on voit dès-lors comment la maladie la plus générale peut résulter de l'affection d'un seul organe, et comment l'affection d'un seul peut rejaillir sur tous les autres, et se compliquer à l'infini, par l'imitation d'action d'un petit nombre de phénomènes vitaux, ces considérations toutes naturelles, car on sait l'avantage qu'elles montrent par l'abus qu'on a fait de tant de systèmes, où l'on a envisagé faiblement, soit les humeurs, soit les nerfs, soit les organes.

L'esprit des sectes lorsqu'une fois elles sont connues deviennent fanatiques. Un sage a dit à ce sujet : qu'on ne persuade jamais que ce que l'on croit déjà.

Les théories les plus élevées, les formules les plus générales de la science ne sont en dernière analyse, que le reflet des lois immuables de l'intelligence humaine bien aussi absolues, et aussi nécessaires que celles qui régissent la matière et qui président au mouvement de l'univers.

En examinant attentivement les différentes théories enfantées par le génie des hommes pour expliquer l'ensemble des phénomènes de la nature, on reste frappé de cet autre puissance de généralisation qui semble résumer en elle tous les faits particuliers, et l'on se demande alors si toutes ces théories et ces doctrines, consignées dans les annales de la philosophie, ne sont que les produits d'une imagination vive et brillante qui s'exhale en présence des richesses de la nature, ou si elles sont le fruit d'une étude consciencieuse et progressive des faits à mesure qu'ils se présentent à l'observation.

On nous mènera cette interminable accusation vers les choses occultes, qui nous révélera l'origine de cette alternative nerveuse qui joue un si grand rôle dans le vitalisme, expression vaporeuse, d'un fait insaisissable dont se contente un peuple ignorant et superstitieux, voir même le peuple des médecins. Or, voilà les maux de toutes les dissidences ; on croit en prendre l'essentialité, et on n'y voit généralement, lorsqu'on veut être vrai, que ténèbres et suppositions hasardées.

Quelle charge pénible, lorsqu'elle vous est dévolue, cette terrible responsabilité de la vie de vos semblables ; elle est telle qu'on devrait se faire un devoir de n'agir jamais que par corps défendant, sur la foi d'une hypothèse. Au reste, on n'est pas mieux fondé dans les autres sciences, puisqu'elles sont des créations humaines. Il paraîtrait d'ailleurs que l'expression vague tant répétée d'expérience faite, depuis longtemps, nous coûte cher pour qu'il nous en souvienne.

En résumé, les faits évidents de toutes ces assertions sont les suivants : il existe nécessairement des assertions occultes; mais dans l'impossibilité où l'on est de les définir, de les connaître, force est de douter et de n'agir que sur les éléments de l'assertion qui nous indique de suivre et de modifier le tout par l'observation directe fondée sur les raisonnements, qui ont mis en notre pouvoir certains moyens de modérer dans la plupart des cas les appareils morbides contre lesquels on applique ces moyens thérapeutiques. Voilà tout ce qu'on peut savoir de réel et de sanctionné par la raison; que si les résultats trompent les prévisions rationnelles, on est obligé de recourir à d'autres moyens qu'on nomme empiriques; mais l'empirisme est-il bien dans la nature? Ce mot n'est-il pas l'expression de notre cécité? Les phénomènes du monde vivant ne contiennent-ils pas tous en eux-mêmes la cause conséquente de la maladie et des moyens de la guérir? Article de foi, qui depuis deux mille ans s'appuie sur la religion médicale. Si la thérapeutique n'est pas lettre close pour tous aussi bien que la nature des actions morbides, quelles peuvent être ses variétés qui entraînent vers de pareilles fautes? Les faits brouillent les yeux, ou l'arrogance reçoit le plus éclatant démenti, et cependant on dit encore servez-vous du contraire pour guérir. C'est par cet élément qu'on a inventé cette kyrielle des anti, insigne mystification dont on saisit de suite le vide, le danger et le ridicule, et dont pourtant on a l'inconséquence de se faire un argument absolu, lorsqu'il s'agit d'étayer ou de combattre de graves principes scientifiques, car l'écart de la pathologie et le résultat de la thérapeutique qui forment une présomption, et on en use comme les autres; mais cela ne constitue pas, ni même jamais la moindre démonstration péremptoire, nonobstant toute la polémique actuelle, paraît rouler sur des organes; mais on voit tous les jours en y jetant un coup d'œil le plus superficiel, on aperçoit avec la simplicité de réflexion qu'un pareil sophisme devient tout à fait contraire au traitement dans toutes les phases de maladies, il faut plus d'une fois bien considérer qu'une épidémie exige un anti différent de celui des autres affections, il existe une telle aberration dans les effets des maladies et dans les médicaments, qu'on voit les vésicatoires, les mercuriaux, l'opium, le nitrate d'argent, l'alun, l'antimoine, etc., etc., et tant d'autres contraires, produire des effets surprenants; il existe en effet, entre les douleurs et la fluxion une fatale réciprocité, à raison de laquelle l'un s'entretient et s'augmente par l'autre. Enlevez un de ses éléments et l'autre fléchira.

Cessons donc de sacrifier à certains préjugés devenus sacramentels, parce qu'ils sont antiques et familiers au vulgaire; sachons accepter ces exceptions fatalement attachées à toutes les lois formulées par la science humaine. Il ne faut pas oublier que la sagesse infinie et ineffable a des voies qui nous sont inconnues, et que la mystérieuse nature sait, par mille détours cachés, s'en servir pour arriver au même but.

On ne devrait pas ignorer que les liens occultes qui rattachent certaines causes à certains effets seront éternellement impercevables, d'où l'on doit conclure finalement que certains résultats thérapeutiques ne peuvent détruire les idées acquises sur les affections, et que pour céder parfois à divers moyens que la myopie de notre esprit, se trouve antipathique avec ses liens.

Que faire en des pareilles circonstances aussi ardues? Cependant il est de fait certain que les affections maladives de nos organes sont atteintes dans leurs fonctions, et elles le sont par quelque cause que nous ne connaissons pas encore suffisamment, puisqu'il existe aussi des moyens d'y remédier; mais la difficulté est d'y arriver. La nature n'a pas établi des effets sans causes, donc elle n'est pas traîtresse; elle est vraie dans tous ses actes; ce n'est que notre ignorance et notre orgueil à ne pas suffisamment la connaître et la suivre dans ses merveilleuses fonctions, afin de l'approcher dans nos raisonnements, et ne pas l'interpréter par des fictions contraires à ce qu'elle est (1).

(1) Ces réflexions sont prises de l'Encyclopédie des Gens du monde, 1845.

Voilà la difficulté de porter des moyens suffisamment raisonnés sur les actes des phénomènes de la nature, qui rend la science myope. Tant qu'elle restera dans un pareil état d'isolement et qu'elle ne consultera pas ses phénomènes par des analyses bien faites de notre organisation, nous resterons éternellement en arrière en progrès médicaux.

On ne nie pas certainement que de bons médecins ne soient d'une grande utilité, et que l'étude de ses modèles ne doive constituer une partie essentielle de l'éducation de cette science; mais s'il est nécessaire, ou s'il suffit d'avoir d'excellents sujets, pourquoi les talents de Tacite, de Cicéron et de tant d'autres savants que j'ai déjà cités, ne se reproduisent pas? Quoique tant d'hommes sachent par cœur les ouvrages de ces grands hommes, pourquoi ne voit-on pas reparaître de pareils disciples, et pourquoi faut-il toujours un laps de temps et plusieurs siècles avant que l'on voit quelque grand homme briller dans les fastes de l'histoire?

Les faits sont en réalité la matière ou les données fournies par les objets; l'esprit ou la raison les lie, les enchaîne, leur donne un sens. L'œuvre de l'esprit serait insignifiant, l'œuvre de l'esprit, sans celle des objets serait vaine et chimérique, ou pour parler le langage de Baçon, les savants purement empiriques ressemblent aux fourmis qui s'en vont recueillir dans les broussailles des petits brins de bois et d'herbe qu'elles amoncèlent au hasard et sans aucun ordre. Les partisans exclusifs de la raison sont semblables aux araignées qui tirent d'elles-mêmes toutes les matières dont elles composent avec tant d'art leurs toiles très-peu solides; le vrai savant, imitant à la fois la fourmi et l'araignée, doit, à l'exemple de la première, recueillir avec soin tous les faits donnés par l'observation, et à l'exemple de l'autre, tirer de son propre fond, les liens qui de ces matériaux épars, formera un tout bien ordonné. Il faut alors comme l'abeille, qui, empruntant aux fleurs son miel et sa cire, peut d'elle-même, en leur imprimant un arrangement parfait, créer ou augmenter considérablement leur valeur.

Ainsi, l'on peut se tromper dans les sciences des faits de deux façons principales, en faisant trop grande la part de l'observation, ou celle de la raison. L'antiquité a commis ou a dû commettre la seconde erreur ; pressée qu'elle était de résoudre les importants problèmes que soulève le spectacle du monde ; elle a trouvé plus court d'imaginer des explications que de les déduire de la nature des choses et de plusieurs milliers de faits observés au point de vue où en sont aujourd'hui les sciences de ces faits. Les sciences empiriques ou les sciences d'observation ou d'induction (toute expression synonime), elles semblent avoir moins à redouter cette erreur que la première. Dans toutes les branches du savoir humain, on s'applique incessamment à la poursuite des faits, comme si les faits étaient significatifs par eux-mêmes, et qu'en posséder un grand nombre fût l'unique condition de la science.

Résumé.

Après avoir parcouru une à une toutes les sciences en rapport avec l'art médical, dont l'esprit humain est occupé depuis des temps infinis, on se demande à quoi ont servi toutes ces séries et tous ces choix systématiques. Ont-ils tourné dans aucun des intérêts, soit scientifiques, soit moraux, soit politiques ? Non sans doute, l'on n'y aperçoit qu'astuce et perfidie contre le genre humain. A quoi sert cette philosophie tant vantée des temps anciens et modernes? Ne serait-elle qu'un art factice et corrupteur? Cependant l'imprimerie a répandu partout les pensées d'une philosophie beaucoup plus propre à développer les intelligences tant soit peu saines, afin de faciliter une meilleure civilisation et une meilleure morale pour les siècles à venir. Cependant on n'y aperçoit qu'un chaos sans fonds ; donc, ces prétendus sages se plaisent de propager de plus en plus des erreurs ! Est-ce que le bon sens du dix-neuvième siècle ne remédiera donc jamais à cette série de mots, les uns plus fictifs que tant d'autres, qui dégradent les hommes, qui spéculent sur ce talisman, seul but qui sert à les aider à tromper le genre humain ; l'on ne peut pas concevoir quelle peut être la raison qui fait agir les hommes de hautes sciences, ainsi que ceux en pouvoir. Est-ce crainte ou arrogance ? L'on dirait à la manière avec laquelle on marche, aujourd'hui, dans tout ce qui est science, morale et administration, qu'une nouvelle oligarchie cherche d'envahir tous les pouvoirs, afin d'arrêter la marche progressive des lumières qui policent de jour en jour les peuples. Cet élan du dix-neuvième siècle devient tous les jours difficile à arrêter, c'est une tendance qui progresse en raison des lumières que les peuples acquièrent, et qui se développe chez eux à proportion que l'instruction ouvre de la pensée, qui rend plus libre dans ses actions les hommes. C'est un de ces nobles attributs que la nature a donné à tous les êtres existants dans l'univers, afin de les aider dans leur existence de vie et pour leur conservation. Qu'on examine les moyens que Machiavel employa pour frapper tous les esprits justes qui justifient la conséquence et l'unité qui devrait servir aux hommes philanthropes, les besoins de ses semblables. L'esprit des corps devrait soutenir ce que les corps avaient entrepris et voulu, ou bien enfin a-t-il été donné à l'homme et au genre humain d'améliorer sans relâche leur condition sur la terre, et d'aller toujours en avant porter l'instruction et les lumières, en répandant la morale, qui donne à l'homme le droit de jouir du bien-être.

Aujourd'hui on compare l'ascension des peuples et ses progrès à l'invasion des barbares; ce mot plaît et l'on peut l'accepter, oui; c'est-à-dire pleine d'une sève nouvelle; vivante et rajeunissante, voyageant vers la Rome nouvelle et d'un avenir du bonheur social. Marchant lentement, sans doute, chaque génération avance un peu, faisant halte dans la mort; mais d'autres n'en continueront pas moins la marche de leurs prédécesseurs.

Le but final devrait être la moralisation des hommes, c'est là le terme et la tâche de la civilisation; c'est aussi vers cette dernière beaucoup plus essentielle que les sciences qui touchent à leur fin, qui devraient enhardir les amis de l'humanité, pleins de respect pour les vertus éternelles, qui devraient avant tout fixer l'attention des hommes de bien, à prévenir par leur action et leur pouvoir la décadence de cette morale, dont le genre humain a besoin ainsi que les sociétés entières! Il est surprenant que les congrès scientifiques ne se soient pas occupés d'une pareille jonglerie; il est temps d'y remédier, car du train que cet empiétement marche, qui de plus s'accroît tous les jours. De pareils législateurs ne sont vraiment propres qu'à enchaîner les peuples par leur code politique, en mettant sous leur protection fabuleuse pure ignorance, toujours attachée à une immoralité révoltante qui fait pitié, lorsque surtout ils promettent leur appui, par leur artifice adroit, qui répugne au bon sens des gens tant soi peu sensés; vouloir devenir les jouets de ses thaumaturges, bouffis d'orgueil et de rapacité; tel n'est le but de la nature des puissances de notre siècle.

L'ignorance où nous sommes des causes premières, devrait restreindre la vanité prétentieuse de pareils hommes. De quel droit la plus petite parole des hommes s'arroge-t-elle celle de gouverner les masses du genre humain, surtout lorsque leur morale n'est point en harmonie avec les bonnes mœurs de cette classe, et de la société entière, et d'affirmer leur doctrine sur un fondement d'une existence inaliénable, lorsque ce mystère est recouvert d'un voile impénétrable à l'homme ! Tout n'est que conjecture où l'esprit se perd sans pouvoir se retrouver nulle part ; mais pourquoi vouloir prétendre expliquer toutes les merveilles de la nature universelle ? Tout n'est-il pas merveille dans le spectacle admirable que nous présente ce magnifique panorama qu'étale la nature, où tout confond notre raison ? Comment le cœur s'épanouit et grandit à ce magnifique tableau. Ah ! qu'il est à plaindre celui dont le cœur endurci par la perversion, et qui ne la porte qu'à déshonorer sa mission et compromettre la saine morale ! Heureux celui qui sait parfois quitter les livres des hommes, pour ce grand livre dont la providence tient sans cesse les pages ouvertes devant nous, et où le génie viendra s'inspirer comme la seule source du beau, du vrai, de la perfection ; c'est ainsi que doit se concevoir ce cœur palpitant pour le bonheur du genre humain.

Hélas ! qu'est loin encore ce temps tant désiré !

En terminant ce rapide travail dans lequel on n'a pas eu la prétention de donner un système exempt de critique, mais marchant vers des idées nouvelles, appliquées sur les éléments organiques des premiers tissus formateurs, des appareils et des organes animaux, empruntés à nos maîtres contemporains, on verra que cette série d'observations, recueillie des anciens auteurs, a également servi à la confection de ce faisceau et à la coordination des faits observés à diverses époques, afin d'arriver d'une déduction à l'autre, à des démonstrations plus conformes aux organisations animales.

Si l'on a osé aborder des questions de philosophie aussi transcendantes que celles dont la nature nous tient cachées, et dont notre intelligence ne pénètrera jamais, l'on n'a pas prétendu, en réunissant les divers systèmes, imposer à personne aucune condition, puisque l'on s'est renfermé modestement dans le rôle de compilateur, afin de rapprocher les faits les plus en rapport de cette science avec les progrès analytiques de tous les corps de la nature, pour faciliter à d'autres des moyens plus conformes à l'organisation animale que ce qu'elle n'a été jusqu'à ces jours.

Cette polémique sincère faciliterait peut-être la connaissance des erreurs, dont on est trop souvent porté à commettre sans intention.

Les cœurs consciencieux devraient être fiers et libres de leurs pensées en développant avec franchise et précision, et clarté, la marche à suivre dans ces travaux.

Cet essai n'est qu'un aperçu général qui, plus tard, peut devenir spécial, en suivant successivement les progressions scientifiques de cette science.

L'art médical est si étendu que toutes les sciences se rallient vers elle; voilà pourquoi l'on se verra forcé de le répéter autant de fois que le terrain le comportera.

Cet essai sera divisé de la manière suivante :

La première partie s'occupera de l'histoire de la médecine, partie très-essentielle sous le point de vue scientifique, depuis les temps fabuleux jusqu'aujourd'hui. Par cet exposé on observera combien nous sommes encore si peu avancés dans cette science, dont les prétentieuses progressions sont bien minimes, malgré plusieurs siècles déjà écoulés.

La deuxième partie s'occupera de l'organisation moléculaire des tissus organisateurs, des appareils et des organes, et de leurs fonctions, et les coïncidences des unes avec les autres fonctions de chacune d'elles, ainsi que du principe de vie avec la chimie organique, se concordant dans leur manière d'agir, dans leur harmonie.

La troisième partie s'occupera de maladies ou troubles accidentels plus ou moins profonds, qui se manifestent dans les tissus, et qui gênent l'exercice de leurs fonctions ; cette définition est en rapport avec l'organisation chimico-animale.

Or, d'où vient ce coup porté à cette forte charpente, et qui l'a ébranlée dans ses fondements? D'où vient ce grain d'amertume qui empoisonne la source des existences? D'où est survenu ce germe de mort, pour s'implanter ainsi en parasite sur la racine de la vie? Comment s'est brisée cette force? Comment s'est humilié son orgueil? Comment s'est éteint ce flambeau, et s'est glacée cette flamme?

Est-ce un Dieu irrité qui lui a lancé les flèches de son invincible colère? Est-ce un esprit ennemi que le malade a aspiré avec lui? Ce mal est-il une création nouvelle de ses organes? Est-ce une aberration du jeu de ses fonctions?

Où faut-il enfin, soit deviner, soit rechercher la nature de cette cause de tant de désordre, le principe de la cause qui appartient aux hommes, les maladies et la mort?

Personne ne s'occupe moins de penser à la santé que celui qui la possède; c'est que la santé est notre état normal, et en fait de tout état normal, on en jouit et on le regrette, mais on ne s'en occupe pas. La philosophie seule s'occupe de tout, même de ce qu'elle possède, et encore mieux de ce qui est son œuvre et de ce qu'elle a conquis; sa vie à elle c'est l'analogie; sa puissance, c'est l'observation; sa plus douce causerie, c'est la démonstration que l'objet en fait la lumière ou les ombres, l'organisation ou l'inertie, le plaisir ou la souffrance, la pente ou la maladie, la vie ou la mort, tout est de son domaine, et elle ne reconnaît point de limites à son domaine; tous ses biens sont en commun; elle en partage la jouissance avec quiconque l'aime; elle chasse du temple les marchands parce qu'ils sont accapareurs et exclusifs, et que chacun d'eux n'aime le progrès que pour l'enchaîner à sa profession et à sa boutique; elle proclame toutes les intelligences aptes à la comprendre et à l'éclairer.

C'est d'elle que je tiens ma mission présente, comme

c'est d'elle que j'ai tenu toutes mes missions passées, et j'entre d'autant plus hardiment dans son sanctuaire pour la consulter sur la cause de nos douleurs que moi qui n'ai rien de ce qu'elle chasse du temple, je me sens dans le cœur cet amour qu'elle réchauffe, et dans l'esprit cette patience qu'elle se plaît à couronner d'un succès.

J'en accepte l'augure en abordant le grave et solennel sujet.

L'étude des espèces anatomiques de maladies semble celle qui se rapproche le plus des lésions organiques, base fondamentale et plus positive de la médecine, et qu'on ne doit jamais perdre de vue dans les recherches étiologiques, sous peine de suivre une chimère et de se créer des fantômes pour les combattre.

En considérant les éléments des premières formations organiques, comme pouvant être les causes formulées des maladies, pourquoi ne suivrait-on pas avec plus de vraisemblance la marche qu'indiquent les analyses de la chimie organique?

Mais l'essence, la nature entière des maladies reste couverte d'un voile épais, et laisse le champ libre à toutes les théories et à toutes les hypothèses.

La quatrième partie s'occupera de la thérapeutique ou des moyens à remédier aux états morbides.

La médecine qui, depuis quinze cents ans, n'avait été que des systèmes plus ou moins bien calculés sur des systèmes, s'est toujours éloignée de l'organisation humaine, en y rentrant une ère nouvelle avec l'alliance de l'anatomie; et l'histoire naturelle est appelée à donner un jour la solution de toutes les questions que se propose l'art de guérir. Ce pressant essai est un simple programme de cette méthode nouvelle; on aura assez fait pour la science en indiquant clairement son but.

Il ne faut pas croire qu'avec l'aide de ces moyens médicinaux on doive guérir toutes les maladies; on n'a l'espoir de guérir que là où il reste des organes, et où le cadre de la vie n'est pas encore rempli. Le cadre de la vie, sa longévité est tracée à chacun de nous en naissant ; nous sommes plus viables les uns que les autres ; les uns ont accompli à trente ans le développement qui, pour d'autres, ne s'achève que vers la centième ; dans le premier cas nul remède ne saurait être capable de prolonger l'existence à six mois de plus. La dernière maladie n'est qu'une des mille modes d'en finir, il n'y a de remède que contre la mort accidentelle ; la mort naturelle c'est la fin du cadre que la nature a tracé à chacun de nous ; tout finit quand il est rempli.

Comme toutes les précautions et les médications que nous indiquons sont fondées sur le nouveau système de diagnostique que nous développerons dans la troisième partie, il s'ensuit que notre méthode de traitement sera aussi nouvelle, et qu'en plus d'un endroit elle heurtera de front la méthode vulgaire, et surtout celle qui était usitée avant la nôtre.

La cinquième partie s'occupera particulièrement de la chirurgie, partie de la médecine beaucoup plus ancienne qu'elle. En rapprochant ces deux branches d'un même tronc, on observera que la médecine externe est toute sous l'influence physique ; tant qu'elle restera telle, elle l'emportera sous les rapports progressifs, pourvu toutefois que des effets réactionnels ne déterminent une explosion interne.

Si la chirurgie a progressé, elle le doit à l'influence de la mécanique, ce qui fait qu'un génie inventeur peut tous les jours la faire progresser, surtout en simplifiant les moyens mécaniques, soit dans les opérations comme dans les moyens contentifs des bandages, plus économiques et plus aisés que ceux employés jusqu'ici.

Le lecteur n'oubliera pas que l'on développera chacune des parties au fur et à mesure qu'elles se présenteront par ordre de classement de matière.

L'on n'oubliera pas que l'auteur a souvent exposé

dans l'introduction et souvent répété, qu'il s'était servi des auteurs anciens et modernes, et qu'il n'a nullement prétendu en faire son ouvrage, qu'il ne fait que coordonner les idées des anciens avec celles des modernes.

Les citations sont indiquées au fond de chaque page, quoique les articles n'y soient pas en entier.

On devra se rappeler qu'il a été déjà dit que le rôle de l'auteur était celui de produire l'instruction par la bouche des maîtres ou par les écrits qu'ils ont laissés; or, l'on doit penser que l'observation constante des mêmes faits et la lecture des mêmes livres doivent produire les mêmes idées.

Si la science médicale est le savoir humain, autrement dit la propriété de l'humanité entière, et non de l'individu, sciences par lesquelles on entend toutes les branches du savoir susceptibles d'une démonstration rigoureuse dans ses locutions, la science est longue, et la vie courte, ce mot est employé dans des acceptions très différentes, en ne considérant que leur objet. Il est sans doute difficile de fixer la limite précise, entre les connaissances dignes du nom de sciences, et les connaissances vulgaires, simple objet de curiosité. Le but réel de la science étant d'arriver à la vérité et de la manifester, et l'intelligence n'étant que le sentiment du vrai développé, la forme de la science est le produit de l'intelligence seule sans la forme.

M. Cousin a dit au sujet de la philosophie : le jour où un homme a réfléchi, ce jour là est née la philosophie; elle n'est autre chose que la réflexion en grand. La réflexion élève au rang et à l'autorité d'une méthode.

Si la philosophie est l'amour de la sagesse, recherche de la vérité, en quoi consiste la sagesse, et qu'est-ce que la vérité ? Puis de quelle vérité s'agit-il ? On voit que la définition proprement dite, dépendra pour chacun de l'idée qu'il se fera de la sagesse et de l'objet de la vérité philosophique.

L'anthropologie considère l'homme comme un être particulier, digne d'être étudié en lui-même, abstraction faite du milieu où il se trouve ; elle recherche quelle est sa distinction, quelle condition il doit remplir pour y atteindre, et la manière dont il doit les accomplir, quelques nombreuses qu'elles soient, elles appartiennent toutes à une souche commune, elles sont comme la branche d'un seul arbre, et cet arbre est l'anthropologie, qui signifie physiologie, histoire naturelle de l'esprit humain.

En étudiant l'organisation physique de l'homme, il est naturel de s'occuper de son état de santé ou de maladie ; cet objet est l'hygiène, partie appartenant à la thérapeutique, dont on s'entretiendra plus tard ; celle de maladie rentrera dans la pathologie, la nosographie ou la séméiotique, l'etiologie, la symptomatologie, la nosologie ou la séméiologique, parties très-essentielles de cette science, qu'on n'oubliera pas lorsque l'on en traitera.

La destination terrestre de l'homme étant le développement harmonique de toutes ses fonctions, il doit, pour atteindre son but, vivre avec les autres hommes, et non pas seulement avec ceux qui sont avec lui en contact immédiat, mais avec les hommes de tous les pays et de tous les temps, ce qui le force de s'enquérir de tout ce qui peut altérer leur santé. Cette science nous montre l'homme à tous les degrés de la civilisation, et dans tous les rapports où il peut être placé par la nature, par les circonstances ou par son propre choix.

Si pour plaire, si pour revenir aux traditions de l'antiquité, l'on ne songeait encore, et nous le craignons, à repousser tous les sentiments des hommes consciencieux, qu'on cherche à garrotter par l'importance des systèmes à faire taire la vérité.

Il n'y a plus dans les sciences que deux sortes d'hommes : ceux qui souffrent du despotisme absurde, et ceux qui pour leur intérêt particulier cherchent à faire souffrir ceux qui se dévouent aux sciences sans arrières pensées, qui malheureusement n'ont trouvé de résistance nulle part, au sujet de leur bonne foi, que par les turbulents.

Pris çà et là dans Montesquieu. Grandeur et décadence des Romains.

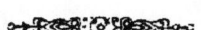

www.ingramcontent.com/pod-product-compliance
Lightning Source LLC
LaVergne TN
LVHW021000090426
835512LV00009B/1984